U0942248

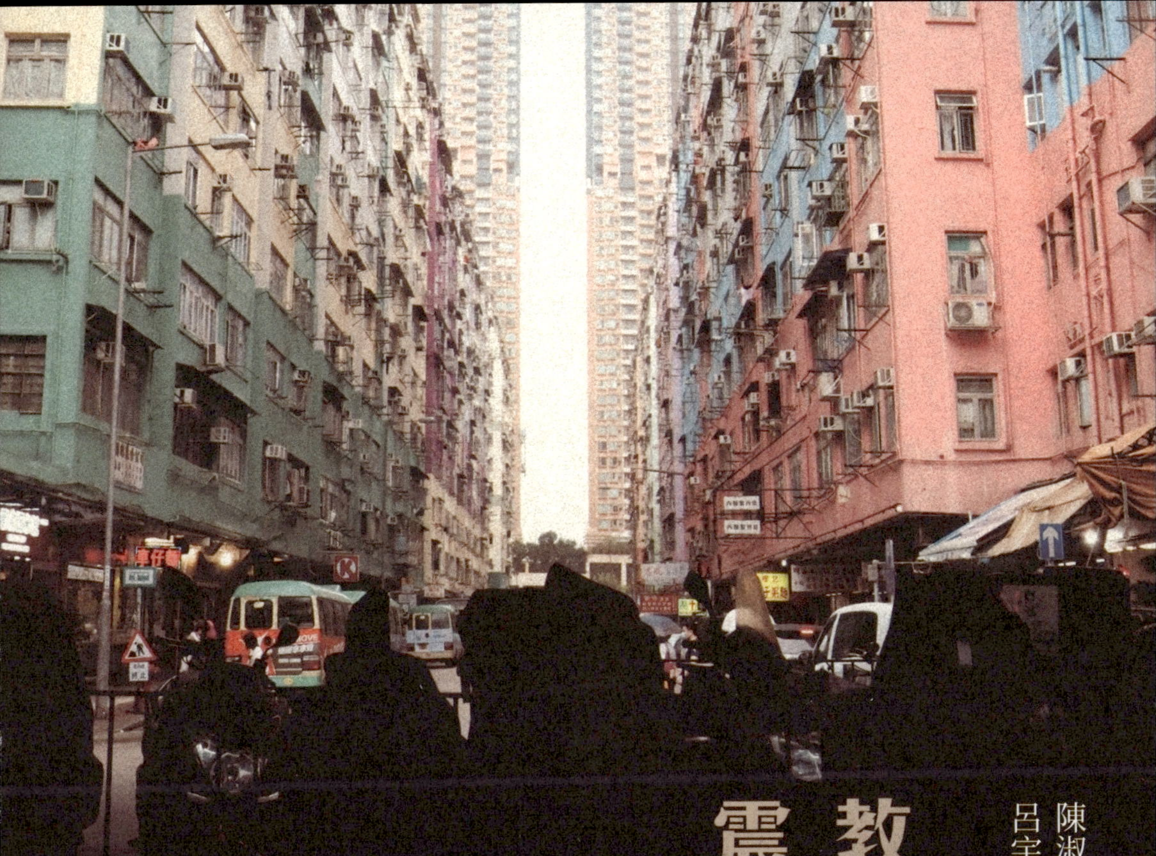

# 教會無牆的震撼轉化

陳淑娟 著

呂宇俊 編採

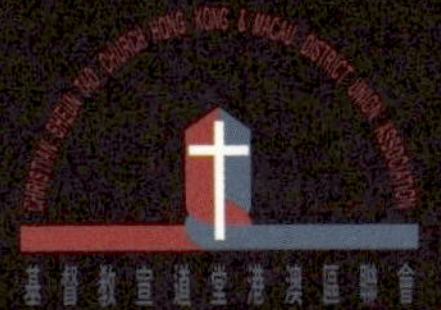


基道出版社

# 教會無牆的震撼轉化

## Transform: Church with No Walls


作者
陳淑娟

編採
呂宇俊

責任編輯
梁冠霆、黃婉婷

裝幀設計
奇文雲海．設計顧問

■

聯合出版

香港基督教會宣道堂
九龍大角咀福全街 17-19 號
福康大樓 2 字樓
HONG KONG CHRISTIAN SHUEN TAO CHURCH
Flat B, 2/F, Fook Hong Mansion,
17-19 Fuk Tsun St., Tai Kok Tsui, Hong Kong
電話：(852) 2390-5722 傳真：(852) 2395-1331
網址：https://www.hkcstc.org

基道出版社
香港沙田火炭坳背灣街 26 號
富騰工業中心 1011 室
LOGOS PUBLISHERS
Unit 1011, Fo Tan Ind. Centre, 26 Au Pui Wan St.,
Shatin, Hong Kong
電話：(852) 2687-0331 傳真：(852) 2687-0281
網址：https://www.logos.com.hk

發行
基道出版社

承印
陽光印刷製本廠

●





7/2020 初版
Cat. No. LP386XA
ISBN: 978-962-457-607-8





| 刷次 | 10 | 9 | 8 | 7 | 6 | 5 | 4 | |
|---|---|---|---|---|---|---|---|---|
| 年份 | 2032 | 2031 | 2030 | 2029 | 2028 | 2027 | 2026 | 2025 |

CHEVA

# 目錄　Contents

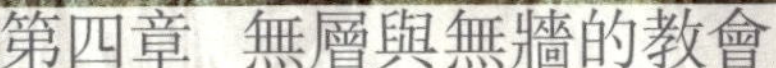

## 第四章　無層與無牆的教會



## 第五章　生命轉化的感恩故事



## 第六章　結連至社區轉化

C o n t e n t s

## 第八章 拆解迷思



## 第九章 當你加入關懷社區行列時……

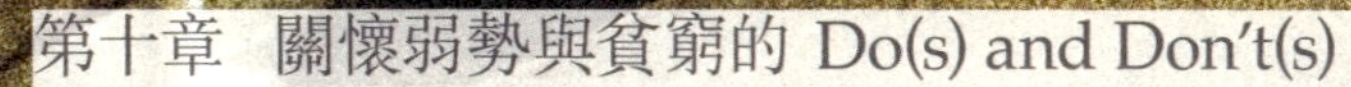

## 第十章　關懷弱勢與貧窮的 Do(s) and Don't(s)



## 第十一章　關懷社區的故事，邀請你一起寫下去……

新舊交替的社區，有拆毀、有建設，有飄散、有相聚。灰飛煙滅之間，市區重建像尚方寶劍，莫敢不從。舊樓要告別，智能大廈、豪宅、酒店登場。吊臂、天秤在大街小巷覬覦眾生。

拆建
Live
Experience
Inspire

BF 1982

後巷是一個特別的地方，基層市民在這裏存放寶物。清潔工人在工餘時間堆起了一層層的發泡膠箱，是自己拾荒得來的，有一些是人家送贈的。按回收商規定，五個綁成一紮，賣出，每紮三蚊。三日以來，共儲起了五紮。有十五蚊。為這十五蚊，在晴朗的夏日，得見笑逐顏開。

# 後巷

路邊
賣2送一
廿四小時電視監控
偷一賠十
天天出爐
花绿红
生豆豆
粽
13元/只
PROBIOTICS DRINK

天天出爐，有糉賣。路邊的麵包小店每天為街坊烘焗麵包，並且派發「愛心麵包」，還有自家泡製的糉，四款口味。門口小小的地方，變成廚房。這家小店在交通燈旁邊，常有司機在紅燈前停車，匆匆下車，走過去，幾句問安、招呼，用幾塊錢買一個麵包或一隻糉，充飢之外，竟然也像心靈驛站。

小店
限、聚，卻限制不到社區的溫情和小店的人情味，還有熱辣辣的鑊氣。教會為支撐小店，向小店老闆「買飯券」，讓街坊有免費的飯盒，而且是老闆親自「即叫即炒」，任由街坊加底加鹽加葱加豉油。沒有普通的飯盒，只有近距離的親和。逆境、疫情，一起撐。

橋上的街坊用紙皮作屏風，擋不住橋外的豪宅風光，只求晚間可宿一宵。

SHARON LU

橋底居所卻應有盡有，還有地攤小販作鄰居。這些小販大清早就來到橋底佔據心儀的位置，鋪開地蓆，擺出琳琅滿目的衣物和日用品。橋底可遮陰，在假日，這裏是外傭姐姐的購物熱點。

# 橋下

請看，街頭巷尾記錄「停擺」的淒愴。行人路冷清清，勞動的街坊消失，往常塞在馬路上的貨車、汽車都少了。大角咀一間又一間的五金店鋪都落閘、倒閉，遊戲機中心的大閘貼著一句句的標語：「我要營業」、「我要生存」，是疫情下最基層的吶喊聲。請聽。

吶喊
我要就業
我要生存
存

# 推薦序一

## 看見人 真實的需要

**藍中港牧師**
澳門基督教會宣道堂總堂
主任牧師

「……他看見許多的人，就憐憫他們；因為他們困苦流離，如同羊沒有牧人一般。」(馬太福音九章36節)

澳門基督教會宣道堂一直以來都是一間朝七晚十一的教會，是因為教會應是社區中的一部分、是孤單的人可以有陪伴、傷心的人得安慰、痛苦的人得支持、歡樂的人可分享的地方；使少年人一同成長、成年人互相分擔、老年人得到關心。在教會還是十分缺乏之時，我們就開展了一系列幫助貧苦大眾的行動——愛心工程(宣道堂兒童助學金的前身)。

## 這是因為「看見」

看見人最大的需要是得福音，我們就不自量力的去做全澳福音遍傳運動；看見孩子讀書需要錢，我們就不自量力的去做助學金，之後還延伸到關懷中國大陸社區的工作；看見在貧民區的孩子沒有人關心，我們就不自量力的去開一個貧民區教會（本人中學時代就參與在其中）；看見有特殊需要孩子的需求，我們就不自量力的開始音樂工作坊……

固然還不足夠，仍然憑信心把主使我們看見的成為行動。

數年前，淑娟傳道和我分享她的「看見」，但其實我心中當時真實看見的是——

旺角堂人數這樣少，不可能；
信徒住在不同區域，不可能；
經濟能力不能應付，不可能；
信徒都是中產人士，不可能；
那些人不會到教會，不可能……

但今天我心中充滿感恩！是真的，不可能都變成可能了！

「耶穌看著他們，說：『在人這是不能的，在神凡事都能。』」(馬太福音十九章 26 節)

不是我能，相信也不是陳淑娟傳道能，而是因為她願意將神讓其「看見」的，憑信心具體地作出既勇敢又有智慧的行動，神就使一切的不可能成為可能。這事工祝福了很多有需要的人，也祝福了我，更深深相信淑娟傳道得到極大的祝福。

「於是對門徒說：『要收的莊稼多，做工的人少。所以，你們當求莊稼的主打發工人出去收他的莊稼。』」(馬太福音九章 37 至 38 節)

所以，相信這本書是要幫助我們回應主的呼召，實實在在的把基督的愛與救恩，憑信心以具體使人得祝福的行動證明出來。

當人願意將神讓其「看見」的，憑信心具體地作出既勇敢又有智慧的行動，神就使一切的不可能成為可能。

# 推薦序二

# 既要聽道，更要行道

莫宜端
香港教育大學
整全成長發展中心言語治療師

收到淑娟姐邀請我為她的新著寫序，感到既榮幸，又戰兢。

榮幸，是素仰淑娟姐一直努力實踐無牆教會，言行一致。聖經教導一眾信徒既要聽道，也要行道，能夠得到一位我所敬仰的屬靈行道者邀請，固然欣喜。

可是，閱讀著淑娟姐身邊的傳道和關社伙伴、弟兄姊妹的分享，我恍似親臨宣道堂，坐在他們的禱告會中，感受到她禱告的火熱；我又恍似置身於淑娟姐跟街坊的對話，當得悉他們面對有學障的兒女、窘迫的空間無助無力時，她的心開放、她的眼看見，隨即把週間沒甚人流的堂會開放，託管和照顧有需要的孩子。少計算，多付出；少大道理，多踏出行善。試問，我何德何能賜序？在她的踐行中，我還在另一山頭猶疑、逐步努力、間或膽怯。遲遲不能下筆，就是因這份戰兢。

但當我看到書中提及一位心剛硬、並身有惡臭的長者，最初進入崇拜人羣中，傳道人看到他固執背後的需要，找來輔導與他同行，到伯伯願意教會的朋友為他執屋，婦女在執拾的過程中頂住室內的死老鼠……。原來，那同行不是一朝一夕，也不是一位「超人傳道人」一夜帶來改變，而是淑娟姐踏前一步，就遇到原來主耶穌預備了的天使，與她同工；再踏前一步，就見到如驚弓之鳥的人心逐漸轉化。這書不是「宣道堂英雄傳」，而是她和同工、肢體既運用恩賜，也誇自己軟弱而織成的同行日記。

我認識淑娟姐，也跟服事有特殊學習需要的孩子有關。那次多位有心信徒，體會到照顧特殊兒的家長時常身心俱疲，所以安排了《黃金花》電影放映會，讓送了孩子上學的家長可與同行者一同進戲院看電影。當天我負責做司儀，淑娟姐壓軸分享和勉勵。由於

這書不是「宣道堂英雄傳」，而是她和同工、肢體既運用恩賜，也誇自己軟弱而織成的同行日記。

自己心繫語障兒而踏上言語治療之路，所以她的見證和勉勵深深激勵了我。

我是一個繪本迷。看著淑娟姐的話，我想起經典台灣繪本《躲貓貓大王》中，與特殊兒小勇同行的小女孩。但孩子們漸長，曾經明白小勇和親近他的小女孩和童年的玩伴，可能都忘記了小勇。我想像，當淑娟姐開放堂會接待一個又一個的「小勇」，他們當中有大人遇到特別頭疼的、有特別調皮的、坐不住的……但淑娟姐和宣道堂的朋友，沒有因著保護的心態，多有防衛。她們聽到「牛皮燈籠」背後的呼喚、看到家長的無助。

繪本作者張曉玲在後記中說：「孩子的可貴，在於他們尚未體會到自己跟他人的不同……沒有被區別對待，沒有被高級的憐憫包圍。」這樣說，其實淑娟姐就恍如沒有長大的孩子。上主保守了她的一顆童心——一顆開放、謙卑、同理的肉心。願淑娟姐的童心繼續發旺，感染我和香港的眾信徒，既聽道，更要行道。

# 推薦序三

## 令我落淚的神學課

呂宇俊
身心靈舍總監
生死教育工作者

我能有幸參與此書，要由一次令我流下淚來的神學課說起……

當時我報讀了伯特利神學院的課程，其中一課是參觀教會。最初聽到這堂會名字——「旺角宣道堂」已覺有點熟悉。當那天到達教會後與他們的堂主任陳淑娟傳道打招呼時，多年前的回憶就湧現了。

十多年前，我有機會擔任旺角宣道堂一次區內大型佈道會的講員，故認識了淑娟傳道，她當時和我都仍未當上傳道人，她只是其中一個帶職事奉者。後來，她和我都回應了上帝的呼召，作了全職傳道人，剛巧大家也是踏入工場五年多的時間。

在參觀教會後，我們一班神學生細心聆聽淑娟傳道與我們分

享過去五年教會如何起著很大的轉化。一邊聽已覺非常震撼，當她分享其中一些生命故事時，我更流下淚來，這是人生頭一次在神學課中流淚。的確十分欣賞淑娟傳道為教會和貧窮人士所付出的一切，亦非常同情那些低下階層的遭遇。例如：大角咀區有很多露宿者、獨居長者、單親家庭、住劏房家庭、有特殊需要的學童等等，她與我們分享了多個生命見證都很深刻，令我流淚的便是有關「清潔工」的生命故事。

淑娟傳道問了我們兩個問題：「為何有時候，你看到清潔工在酷熱的天氣下，要『笠』著一個大黑色垃圾膠袋及坐在街上吃飯？」另一個問題是：「清潔工的平均年齡是多少？」兩個問題我們都不懂回答。原來，她們用垃圾膠袋覆蓋著自己，因為公司規定，不能穿著制服在街上食飯；她們只是支著最低工資，當然不會上酒樓或茶餐廳吃飯，若不在街上吃的話，就要選擇在公廁或在垃圾房吃飯。她說：「清潔工也是人，為何要淪落到在公廁吃飯呢？在垃圾房吃都不合理，因為當有人來倒垃圾時，灰塵四起，極不衛生。」她還提到，清潔工的平均年齡是七十，最年長的更年屆八十六！

當天淑娟傳道分享後，我選擇了與清潔工一起吃飯。我問她們為何都面帶笑容，她們回應說，是因為覺得教會很好，不單為

她們預備了這麼好的冷氣房間，還送她們口罩和帽等（原來公司給她們的裝備很不足，用壞了更要自己買）。有一幕，我親眼看到她們是驚訝教會為她們作的，就是當我們吃飯的時候，淑娟傳道走進來，得知有位清潔工有輕微中暑，她便立刻著幹事去買「小林退熱貼」回來，且不單是給有中暑情況的那一位，而是給在座的全部清潔工。其中一位跟旁人細聲說：「吓，幾十蚊一盒，教會送晒比我哋？」她很驚訝，我也很驚訝。關懷清潔工的事工開展，乃由於她看見你知道在香港最浪費地方的是哪些公司嗎？是教會。

社區有此需要，她就回應所需。

我打從心底裏欣賞淑娟傳道為教會所付出的，特別是她提出「教會無牆」這觀念，就是願意開放教會，讓人進來。當淑娟傳道提到一年三百六十五日都開放教會時，我便想起曾有一地產經紀跟我說：「呂 sir，你知道在香港最浪費地方的是哪些公司嗎？是教會。」當我去洗手間時，我還發現淑娟傳道特意為露宿者設計了一些可以沖涼的間隔。她為貧窮人所付出的，的確是無微不至。

當我約見淑娟傳道，想了解更多有關社區關懷的事工時，得知她想將過去的經歷結集成書，但因為她真的沒有時間可以坐下來書寫，所以我便自動請纓，盼能為這麼有意義的事情出一分力。而這就是我參與本書寫作的小故事。

# 作者自序

**陳淑娟**
香港基督教會宣道堂
（旺角及上水堂）堂主任

自小已不善寫作的我，從來沒想過能著書立說，以往只是通過講道、講座或課堂形式，分享關於關懷社區的經驗和見證。在一年多前，偶然與一位我十分尊敬的神學院老師傾談間，她提議我可以將過往服事社區的種種經歷和資料集結成書，使更多兄姊藉此了解更多。雖然我十分認同這位老師的建議，但因著自己實在不是能文之士，心裏雖有感動，卻只好暫且將這事放下。不久，遇見呂宇俊弟兄，於閒談之間提到寫書一事，他竟然義不容辭的為我承擔起編撰的工作，於是本書就由此而生。

本書集結了本人於社區關懷服事中從神所領受的異象、經驗、見證等，盼望藉著文字跟讀者們分享一些想法與經歷，讓本書成為有心志發展社區關懷、卻仍躊躇未決，甚或從未認識社區關懷的兄姊們的一份小小參考，盼望更多人能在個人、羣體、教會層面中實踐社區關懷，祝福社區。

「在神我們的父面前，那清潔沒有玷污的虔誠，就是看顧在患難中的孤兒寡婦，並且保守自己不沾染世俗。」（雅各書一章27節）

# 第一章 「我的殿為何如此荒涼？」

我們是否仍滿足於信
徒零成長、社區零改
變的「佈道活動」？

## 被閒置的教會

上主讓旺角宣道堂在 1981 年座落在大角咀這一社區，當時一班從澳門移民來港的中產和專業人士，他們在一大廈買下了全層七千呎的單位，作為發展教會的基址。過去十多年間，大角咀發展迅速，這個社區亦有莫大的變化，最特別的是，此社區一邊是豪宅，住著很多中產人士，另一邊則滿佈舊式唐樓，內裏充滿著劏房戶，住了很多新移民、單親家庭，以及一班或許隱藏著悲慘故事的低收入人士。

我們的教會就是座落在這樣的地區。奇怪的是，為何教會有著可容納二百五十人的禮堂，過去三十多年來的崇拜人數卻停滯不前？為何教會吸納不了附近那麼多新搬來的中產人士？為何身邊貧窮人多的是，他們卻沒有從我們這裏認識福音？

儘管教會的禮堂能容納多人，但直到 2014 年，恆常出席崇拜者就只有寥寥五、六十人。主日的禮堂「座位」被閒置不在話下，星期一至六全教會更是被閒置著，成為「人跡罕至」的地方！

## 被閒置的信徒

可以說，當時的宣道堂會友主要是「主日教友」，他們通常在崇拜那一天才回來，崇拜過後，就會各自外出午膳。平日偌大的教會，只有一位幹事和牧者，鮮有信徒或其他人會到訪。究竟是信徒無心事奉、不關心教會，還是教會沒有好好栽培他們，給予他們事奉的機會？

究竟是信徒無心事奉、不關心教會，還是教會沒有好好栽培他們，給予他們事奉的機會？

## 信徒零成長、社區零改變的「佈道活動」？

以往，教會每年都會舉辦一次大型佈道活動，在佈道活動舉行前幾個月，我們總是忙個不停，或是忙於開會、準備，或是為此同心祈禱等。在那幾個月，教會彷彿充滿朝氣，更好像有著共同奮鬥的目標……但結果是怎樣呢？這些活動猶如年初二煙花匯演一樣，稍瞬即逝，當一切靜止下來後，我們的心靈好像更形空虛。這是因為信主人數不多，就算有街坊回到教會，很快他們又流失了。或許，那時我們的跟進工作不足，又或者那時我們仍然是「中產教會」的模樣，新來者自覺格格不入，但更重要的是，當時我們確實不太懂得接納背景殊異的陌生者。

可更悲哀的是，當時我們一班弟兄姊妹，包括我自己在內（那時我已是帶職傳道），彷彿只活在自己的世界中，自我感覺良好便是，或許用「自 High」來形容當時的我們，倒是貼切。

深信上主的時候到了，祂不容許我們這樣下去。在一次主日崇拜中，神親自對我說話。我清楚記得，那天是農曆年初三，我負責在台上講道，當時分享甚麼信息已記不清楚了，但那一刻，腦海裏浮現一句好像是上主特別跟我說的話：「為何我的殿如此荒涼？」我望著台下可以容納二百五十人的禮堂，並當中只有不

「我的殿為何如此荒涼？」

到三十個的會眾，這句話是何等令我扎心。

那一刻，我腦海浮現了上主所要我做的事……我一方面思量自己可以做甚麼，另方面也質疑自己是否只是幻聽。經過一年多的禱告和掙扎，我決定放下自己的本業，回應上主的呼召，立志改變教會！

# 第二章 放下才能得著

原來你現在擁有的東西，下一秒神就可以收回……如果做教會事工只會拿著計算機計算周詳才做，其實是甚麼都不必做了。

## 以為擔起所有

我曾任職電訊公司三十多年，是前上市公司業務總監。我在工作上免不了辦公室政治，要防備人，又要互相競爭，更要審時度勢，例如：每當看到哪位高層人員有上位的機會，便投其所好。當時我升職升得快，薪金不斷遞增，可算是「一人之下，萬人之上」，自以為很厲害和很有眼光，高舉自己過於上帝。

誰知過了一年多，管理層決定換班子，人心惶惶，很多部門的高層同事都被裁走。我當然也甚擔憂，升職一年多便要面對裁員危機，那時才想起上帝，我放不下擁有的高薪厚職，便學人家禁食禱告以示虔誠。

然而，我仍逃不過被裁的現實。

徬徨之際，前老闆突然來電找我，還以為他想奚落我，原來

雖然我表面上仍有返教會，卻是個沒有靈魂的基督徒。

是找我到另一家剛發展的電訊公司一起開荒。雖然薪金驟降，對我來說也得騎牛找馬，心底裏仍放不下從前的厚薪、風光和權力。

我開始埋怨上帝，甚至不想返教會，質疑上帝的慈愛，為何祂不應允我的禱告，還讓我落得如斯田地？雖然我表面上仍有返教會，卻是個沒有靈魂的基督徒。

新公司由起初一兩人，三年內已發展至一百人，業

務蒸蒸日上。我漸漸看到上帝的安排很奇妙，祂的意念比我高，舉例：

第一，從前我因工作關係要中港兩邊走，轉職後反而有更多時間陪伴患讀寫障礙的兒子，跟他的關係改善了，開始理解他的需要，教他讀書寫字，盡媽媽的本分。

第二，從前常因壓力大而要服食止痛藥，轉職後不用了。

第三，從前常捲入辦公室政治，轉職後與同事關係融洽，至今仍是朋友。

在新公司工作了七年，業績增長理想，薪金已超越前公司，連老闆也敢頂撞。

我故態復萌，自以為是，再次把上帝擱在一旁。

## 看清不能放下的

由於我曾修讀神學，偶爾會在崇拜中講道，某年農曆新年的崇拜，大部分會友外遊，台下只有寥寥數人。我在講道時突然聽到上帝跟我說：「你為何容許我的殿荒涼？」並且禁不住流淚。

你今日擁有的一切，包括財富、名聲、權力，甚至性命，只要上帝說要收回，下一秒就可以頓時消失。

最初懷疑自己是否幻聽，便向牧師了解，他說這不是幻聽，而是聖靈的感動。我感到上帝要我承擔一些事，但又不知是甚麼。兩三個月後，我仍覺這個負擔很重，再與牧師分享，他說應該是上帝叫我做傳道人。

經過多次禱告，我知道上帝要我做傳道人。起初我跟祂爭論，要祂給我十五年好好發展事業，然後才為祂當傳道。

2013 年，理應是最好業績的 4 月一反常態，首兩週是零業績，令我心情煩躁，逢人就罵。雖然同事相繼離職，但我不怕被裁，因有很多獵頭公司為我介紹工作。而那一刻真正令我戰兢的，是再次聽到上帝跟我說話。

我害怕得跪下禱告。

上帝說：「你今日擁有的一切，包括財富、名聲、權力，甚至性命，只要我說要收回，下一秒就可以頓時消失。」

原來我一直以為自己可掌握的東西，一瞬間便可失去。至此我認識到上帝的權能，可惜並未完全順服，仍祈求看見印證。

一週後，生意漸漸好轉，還比往年更好。更奇妙的是，剛辭職不久的兩位同事，突然對我説想回來工作。上帝讓我完全看到祂的權能，我只能徹底投降。再次禱告後，我決定放下一切擁有的，學習拿起上帝要我承擔的，就是不再讓祂的殿荒涼，走祂引領我走的路。

## 放下是得著的開始

當了傳道人，我服事基層人士、新移民家庭、單親、露宿者等有需要的羣體。原來當我願意放下時，上帝就更大的使用我去服事社會的弱勢社羣，讓我屢屢經歷祂的恩典。現在我的生命散發喜樂，不再板

香港基督教會宣道堂（旺角堂）同工團

起臉對人。上帝亦賜福我的家，有特殊需要的兒子已長大成人，如今是大學生了。

聖經說：「你們要先求他的國和他的義，這些東西都要加給你們了。」(馬太福音六章33節)上帝給我們各人都有不同位置，可以互相關懷服事，或許其中需要我們付出，但這些所謂犧牲是我們蒙受上帝更大賜福的開始。

### ・陳・淑・娟・履・歷・表・

| | |
|---|---|
| **2007～2014年** | 上市公司業務總監（為著每年六千萬公司業績而發愁） |
| **2006～2014年** | 帶職傳道（領受「我的殿為何如此荒涼」的啟示） |
| **2014年4月1日** | 全職事奉的第一天（為著前路而禱告） |
| **2014～2017年** | 只與一位傳道同工配搭事奉（從講台到廚房一腳踢） |
| **2019年12月31日** | 現與五位受薪傳道同工一起事奉（同心合意，彼此配搭） |

# 第三章

# 轉化教會三部曲

「關懷貧窮與弱勢」不是關乎選擇做或不做的事，而是怎樣做及如何做！

旺角宣道堂第一個事工發展的契機，是由一位婦女的需要而來的。一天，我在公園與一位單親婦女傾談，得知她育有一個學齡前孩子，但因經濟困難，無法讓其參加學前預備班，而她自己亦因著要照顧小孩，所以無法上班賺錢，這確是一個兩難的局面。我靈機一觸，想到不如教會就開辦幼兒學前班吧！就這樣，2014 年第一個事工——幼兒學前班——正式開始。直到 2020 年的當下，教會已發展到要兼顧十七個事工的「新局面」了。

**社區服務**

2014 幼兒學前班

2014 小學功輔班

教會有那麼大的轉化，我深信是因為我們得著上主的賜福，就是決意踐行著信徒應該做的事。有一段記載於路加福音的經文，時常提醒著我。當天，耶穌照祂的慣常進了會堂，並站起一個極錯的觀念，就是以為「關懷貧窮與弱勢」是我們可以選擇做或不做的事。對不起！其實這是我們信徒的責任，沒有考慮或商量的餘地。

來準備念聖經。當有人把以賽亞書遞給耶穌時，祂就打開，找到一處寫著說：「主的靈在我身上，因為他用膏膏我，叫我傳福音給貧窮的人；差遣我報告：被擄的得釋放，瞎眼的得看見，叫那受壓制的得自由，報告神悅納人的禧年。」（路加福音四章 18 至 19 節）

這段經文原出自以賽亞書六十一章 1 至 2 節。當耶穌讀完這段經文，坐下後，聖經作者很傳神地記載說：「會堂裏的人都定睛看他。」然後，耶穌這樣回應聽眾：「今天這經應驗在你們耳中了。」（路加福音四章 21 節）

很多時，我們或會聽到一些信徒或牧者說：「讓我先祈禱等候，看看有沒有感動去推動關懷貧窮的事工。」他們這樣說，是包含著一個極錯的觀念，就是以為「關懷貧窮與弱勢」是我們可以選擇做或不做的事。對不起！其實這是我們信徒的責任，沒有考慮或商量的餘地。我們所需要思考的，就只是怎樣做？如何做？

我們教會過去這五年，就是沿用以下的三部曲，落實耶穌以上的宣告，肩負著關懷弱勢的工作。那三部曲分別是：（1）認識耶穌；（2）融入教會；（3）彼此服事。

## 第一部曲：認識耶穌

幼兒學前預備班

由於宣道堂是一所教會，所以讓人認識耶穌、相信福音乃教會重中之重的責任。我們透過社區服事，讓耶穌的愛在社區中流動。扶助貧窮人，不獨是滿足他們物質上的需要，若只有物質而沒有耶穌的愛，這些工作也是徒然的，因為物質不能改變人心，惟有耶穌的愛才能帶來真正的改變。服事社區是一個媒介——讓人認識耶穌。

反過來說，若一個人他肉身吃不飽、穿不暖、心靈空虛，當他踏入教會，難道我們只是為他們禱告，然後跟他說：「願神賜福給你，你可以平平安安地回去吧！」該是這樣嗎？絕對不能！我們要回應他們的實質需要。

宣道堂在過去所開展的事工，就是針對社區的不同需要而開設的。我們不是問：「教會可以為社區做甚麼？」而是問：「社區，你需要甚麼？」

正如第一個事工的開展——「幼兒學前班」，就是因為看見不少基層家庭的學齡前幼兒，往往因家庭經濟問題而無法上學，父母亦因照顧問題而無法工作。由此，教會開展這項事工，希望能舒緩母親的壓力。現在宣道堂有好幾位婦女，都是透過這服務而認識耶穌的。

## 第二部曲：融入教會

宣道堂作為一所教會，受眾透過社區關懷的服事而認識耶穌後，我們也希望他們如聖經所說，成為落在好土裏的福音種子，能夠發芽長大，結出許多果子來。故此，我們需要讓他們的靈命扎根成長。

為此，我們按著他們不同的年齡層去牧養他們，讓他們能得以成長。以小朋友為例，教會開辦了「兒童英文聖經班」、「基督少年軍」等；婦女有「婦女義工組計劃」等；長者則有「聖經識字班」、「福音粵曲班」等⋯⋯我們期望通過種種屬靈的牧養，讓他們的生命能得以長進。

## 第三部曲：彼此服事

尤有進者，透過彼此間的服事，教會也可讓弟兄姊妹發揮自身恩賜，這樣更可達充權之效。所謂充權，就是指讓弱勢或受助

婦女們與義務廚師一同製作蘿蔔糕

者，透過發掘自己內在的資源，增強他們的能力，從而讓他們發現上主創造了他們生命中的獨一與尊貴。

例如2020年的新年前夕，教會一班基層婦女製作了六百份蘿蔔糕，送給弟兄姊妹與街坊。其實早於2019年5月，她們已不單止服事教會和社區，而是衝出自身社區，到了伯特利神學院為當屆畢業的神學生，預備了一頓「盛宴」。真的是很豐盛！豐盛不單是因為有多味餸菜，而是滿載她們的心意，因為她們所預備的都是其各自的家鄉菜，當中所有材料（例如：酸菜），都是她們在活動兩星期前到街市買料自行醃製的，就連醬料也是自家泡製的，任誰都能看到她們的心意。

當基層婦女有機會學習彼此服事的時候，一來可讓她們發揮恩賜，二來也讓神學院的畢業生得以「看見」——原來服事弱勢不是只由教會付出，其實那些曾經被服事的受眾，也可以對教會、機構，甚至社區帶來祝福。

我們深盼能夠充分發揮每個人的恩賜，讓他們尋回上主原本創造人的價值。

# 第四章

# 無層與無牆的教會

在信仰中，我們都是
天父的兒女，沒有階
層之分。

## 無層教會

過去五年，當我們一直帶著耶穌的使命，落實那關懷弱勢的三部曲，宣道堂真的經歷了很大的轉化。我們曾經是只有五、六十人、由中產人士組成的教會。我刻意說我們是由「中產人士組成」，而不想再說自己是「中產教會」，是因為我真的不想教會再劃分成不同「階層」，例如甚麼中產教會、基層教會，乃至某些所謂「明星教會」、「高官教會」……等。當我們查考聖經，便知早期教會確實存在著不同階級的人，就如保羅寫信給教會時，都有提到一些作奴隸的人。但是我真的很期望教會能夠「無層」，即我們無須分等級、種族，因為我們同是天父所創造、獨特的兒女。

感恩的是，今天宣道堂做到了！以往主日崇拜後，所有兄姊都會各自各外出午膳，但現在每星期主日崇拜後，所有弟兄姊妹也會一起在教會享受愛筵，在其中大家共享同樣的食物，無論是無家者還是大醫生、專業人士，他們都會坐在一起吃飯。因為，在信仰中，我們都是天父的兒女，沒有階層之分。

而另一極大的震撼「轉化」，就是教會由閒置的教會，轉化為一年三百六十五天全天候開放的「無牆教會」。

## 無牆教會

無牆教會的出現，是由於教會想進入社區接觸一些不容易走進教會的羣體，例如走進露宿者聚集的地方，與他們一起崇拜。近年，更有不少有心的信徒，自己主動組織起來，選擇到公園或不同地方，帶領著街坊、少數族裔、露宿者進行敬拜；然而，我們是有七千呎地方的教會，但為何沒有人前來呢？因為我們也曾經像很多教會一樣——重門深鎖。有些教會甚至還要「拍咭」才能進入的！當教會的大門這樣的緊閉著，試問那些基層人士哪有勇氣去按教會門鐘呢？

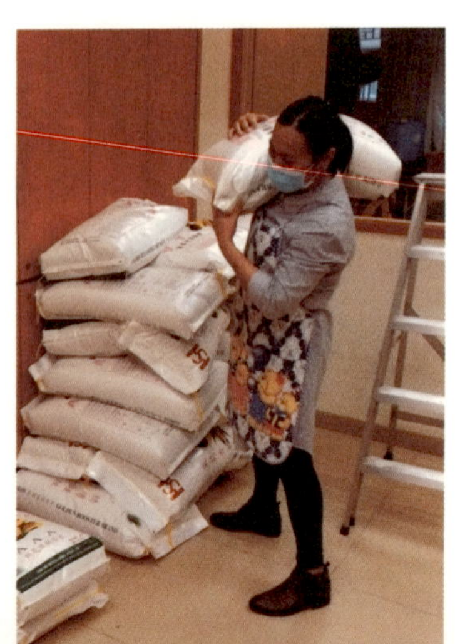

教會大力士：彼此服事

兄姊們協力清潔教會

弟兄於平日時間與無家者聚會並分享信仰

故此，宣道堂現在是全天候打開大門的，所有有需要的人都可以進來。我們還特意添了幾部水機，讓他們可以隨時上來喝一杯真的冰涼的涼水。

「無論何人，因為門徒的名，只把一杯涼水給這小子裏的一個喝，我實在告訴你們，這人不能不得賞賜。」（馬太福音十章42節）

因著教會事工的增長，且蒙上主賜福，現在宣道堂的聚會人數已由五年前的六十人，增長至如今的三百多人。禮堂再沒有閒置空間，就連平日也人來人往。特別是每天放學後，補習班一班接一班，直到晚上。現在教會地方的使用量已接近飽和，我們也正在物色其他地方，以便開展更多事工。

感恩的是，除了教會不再被閒置，就連弟兄姊妹也樂意參與事奉。現今在平日都有回來事奉的弟兄姊妹，已佔大約八成的會友，就如逢星期一關顧無家者小組，便由一企業老闆來主領，即使很忙的CEO也願意回來帶領查經班。

過去一段日子，上主讓我們轉化成「無層與無牆」的教會，在過程中，我們經歷了很多恩典和激勵我們繼續走下去的感恩故事。

「無論何人，因為門徒的名，只把一杯涼水給這小子裏的一個喝，我實在告訴你們，這人不能不得賞賜。」

# 第五章 生命轉化的感恩故事

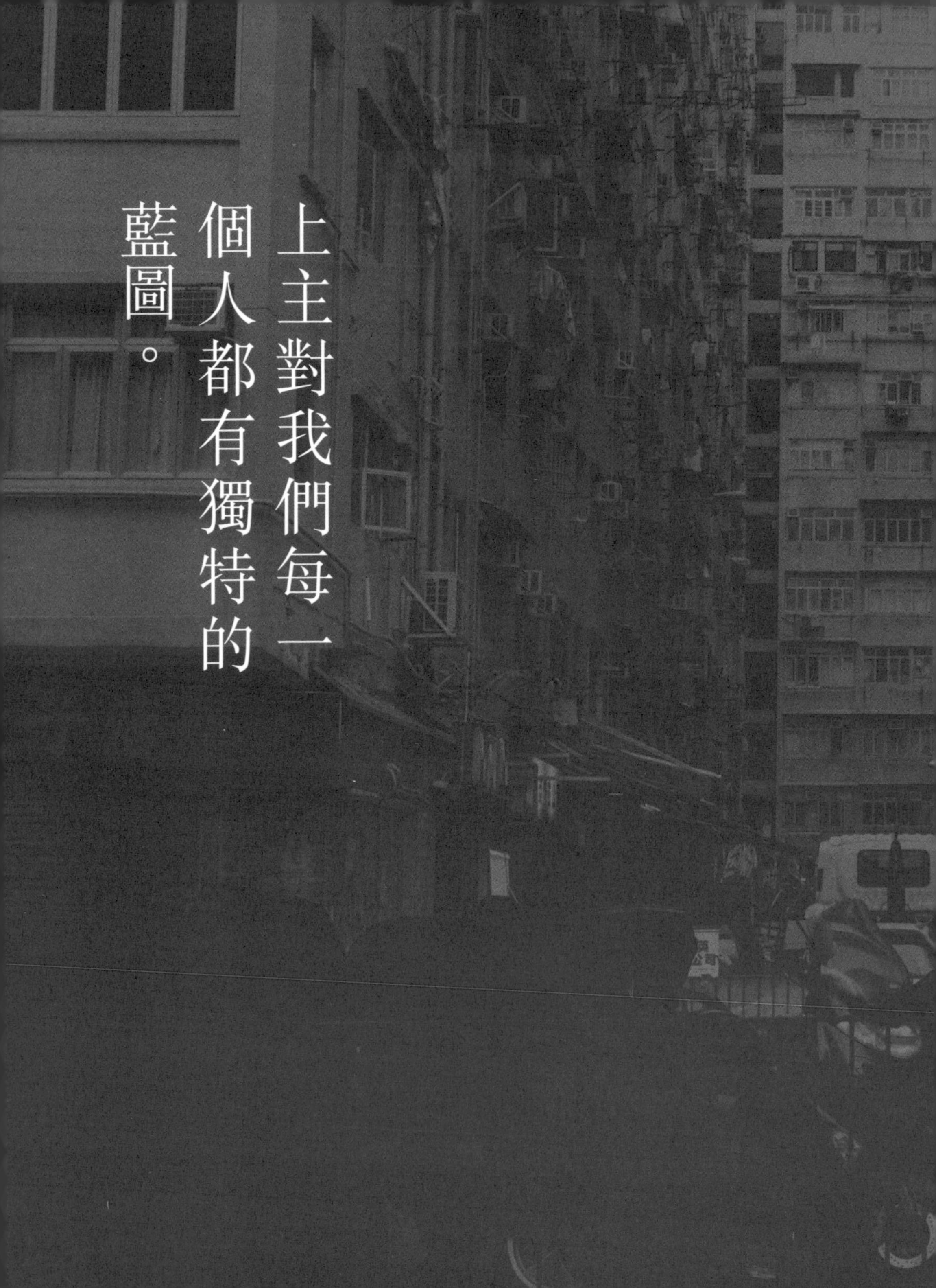
上主對我們每一個人都有獨特的藍圖。

此部分由呂宇俊傳道訪問一些在宣道堂遇見上主後，其生命有著不同「轉化」者的感恩故事。

## 從「懶散輟學生」到「委身好同工」

余詩雯

**呂：**你怎樣形容你自己？

**雯：**我曾經是極度懶散的人，在廚藝學院讀書時，經常遲到與缺席。讀不夠一年，我便申請退學。退學後，到了快餐店工作，那時我也不是一個勤力的員工。

**呂：**當淑娟傳道得知你退學後，她有甚麼反應？

**雯：**她那時很憤怒，令她憤怒的最主要原因並不是我不跟她商

·詩·雯·小·檔·案·

| | |
|---|---|
| **2005** | 參與宣道堂聚會（當時小學一年級） |
| **2014** | 洗禮加入教會 |
| **2016** | 媽媽接受洗禮加入教會 |
| **2017** | DSE 後進到廚藝學院（第一年便退學） |
| **2018 年 7 月～ 2018 年 12 月** | 教會義工 |
| **2019 年 1 月 1 日** | 成為全職同工 |

量，而是，我沒有計劃好下一步，便作了退學的決定。我知道她其實是心疼我。但感恩，她不單沒有離棄我，還繼續給我機會。首先，她讓我繼續擔任「功課輔導班」的導師，並邀請我以「義工」身分學習事奉。幾個月後，她還讓我成為受薪全職同工，直到上月底（2019年年底）已快有一年了。

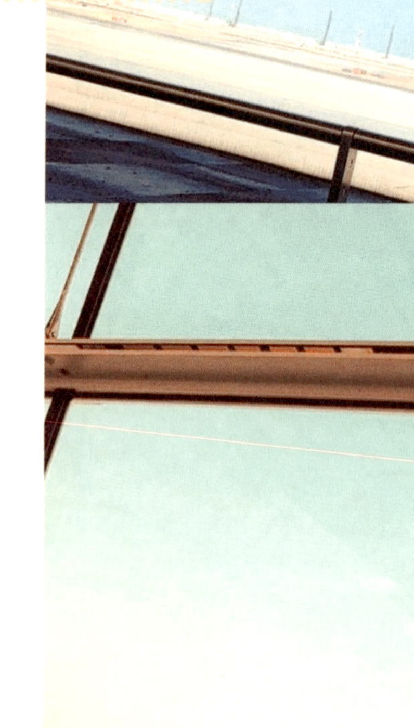

**呂：**從淑娟傳道口中得知，近期有一次交通幾乎癱瘓的情況下，你仍然堅持返回教會，並維持「飯堂」正常運作，可以和我們分享一下那次的經歷嗎？

**雯：**那一天，因為港鐵停了，我的確比平時花上更多時間才能回到教會。雖然，那天淑娟姐因為怕同工們有危險，建議我們暫停一次飯堂派飯。但是，那時我心想，雖然交通是受阻了，但又未至於完全不能回到教會。更何況，有超過八十人需要那一餐膳食，我們年青人不吃一餐半餐或許沒有問題，但對於露宿者、公公婆婆，那一餐對他們而言極之重要。

**呂：**你形容自己曾是「極度懶散的人」，為何到今天這麼委身服事？

**雯：**那是因為淑娟姐與教會的愛。我曾經為著母親欠債而編造不同的謊言，去問教會的弟兄姊妹借錢。但淑娟姐和教會不單沒有放棄我，甚至，雖然我學歷不高，卻給予我在教會全職事奉的機會。故此，我要好好珍惜這個機會，努力學習去回報神及教會的愛。

## 因為看見而動了慈心

李嘉貞

**呂：**你會怎樣形容淑娟傳道呢？

**嘉貞：**我會形容她是「外剛內柔」。因為她不單外表像一個Superwoman，有些時候她也確是很惡的。但當你認識她久了，就會知道她是百分百對我們好的，像對待子女般體貼。

**呂：**我曾聽到你叫淑娟傳道做「阿媽」，為甚麼這樣稱呼她呢？

**嘉貞：**我可以說，她比我的親生媽媽更像媽媽，因為今天的我，可以說是由淑娟姐塑造而來的。例如，以往當我做義工關懷貧窮人的時候，我曾覺得：「我都幾好呀，願意花時間去關心他們！」

### ‧嘉‧貞‧小‧檔‧案‧

| | |
|---|---|
| **2001** | 在香港土生土長的印度人 |
| **2008** | 參與宣道堂聚會 （當時小學四年級） |
| **2017** | 任教功課輔導班 |
| **2018** | 入讀大專（特殊教育課程） |

但淑娟姐糾正了我的想法，她教導我：「關懷貧窮人不是施捨，關懷貧窮人是我們身為基督徒應有的責任。我們不是想：可以給他們甚麼？而是要問：他們需要甚麼？」我的手機 Wallpaper 和很多合照都是與淑娟姐一起的，我的媽媽曾呷醋說：「你還未放過

我的相片，卻反而放了別人的相片。」因為，在我心目中，淑娟姐就是我的好媽媽。

**呂：**有沒有具體例子，是你因為看到貧窮人的需要而有所改變呢？

**嘉貞：**有呀！例如，我現今正在修讀「特殊教育課程」，都是因為淑娟姐讓我擔任功輔班導師。在班中我接觸到 SEN（即「特殊學習需要」）的學生，我看見他們真的有很大的需要。故此，我就報讀了這課程，我很想學多一點，以至可以了解他們多一點，這樣，我就更能回應他們的需要。

## 從專業護士到全職傳道

曾力祈

**呂：**力祈，你好，為何你曾是護士，後來獻身成為全職傳道呢？

**力祈：**成為護士其實是我兒時的夢想，在幾年的護士工作中，我也得著很大的滿足感。至於今天選擇踏上全職傳道之路，是源於一次我們教會的領袖訓練營。當時牧師邀請願意獻身全職事奉的

**・力・祈・小・檔・案・**

| | |
|---|---|
| **2006** | 參與宣道堂聚會 |
| **2015** | 成為醫院急症內科護士 |
| **2019年1月21日** | 成為全職傳道人 |

人舉手，那一刻我感受到上主對我的呼召。但因為當時我正在擔任司琴，所以不便把手舉起。但上主這呼召，我一直都記在心中。直至之後有兩個經歷的出現，讓我不得不降服在上主面前。

第一個經歷是關於一個患了肺癌的年青女病人。她由發病、入院到離世，只是一個星期的事，這件事於我尤其震撼，因為她剛巧與我同齡；我那刻想到的是：「原來我自己都隨時會死。」假如我與她一樣年輕時便死去，在天家我如何面對主？因為我未曾回應祂對我的呼召。

另一個經歷發生於一次我教導青少年主日學的時候，有一位 SEN 的同學在上課時突然大發脾氣。事後我和他傾談，得知他發脾氣的原因有二：一、因為有些同學上主日學時不留心；二、因為我的處理不妥善，他認為我身為老師，應該好好教導其他不留心上主日學的同學。那時我反省到，我只是看教授主日學為一個「事工」，而我根本沒有好好了解我的學生，自然也談不上是跟他們「同行」。

因著以上兩個經歷，我決定回應上主一直對我的呼召 —— 成為全職傳道人。

**呂：**為何「未回應主的呼召」，對你來說是那麼歉疚？

**力析：**因為我深信，上主對我們每一個人都有獨特的藍圖。祂仍然給我們生命氣息，必定有其心意，如果我們沒有回應上主的呼召，做祂要我們做的事，豈不是對不起主？

**呂：**既然成為護士是你的夢想，那麼當了傳道人後，就意味著不單夢想破滅，並且你以往的學習豈不是白費了？

**力祈：**絕對不是，上主的安排是十分奇妙的。現在，我在教會中正參與「愛護站」的事工（為基層的長者、清潔工友定期進行簡單的身體檢查，其中包括量度血壓、血糖、體重，進而作基本的藥物、飲食教育，以監察及改善他們的身體狀況）。這項事工正正能夠運用我以往的專業知識，協助參與者作基本身體檢查及疾病預防。除此以外，我現在所做的，更是我以往身為急症病房護士所不能做到的。我以往能夠做的，充其量只是減輕病人肉身的痛楚，但今天，我可以與他們分享永生之道。

## 從不喜歡新移民到與她們同行

張建芬

**呂：**芬姨，你在甚麼情況下參與宣道堂的聚會呢？

**芬：**那一年，我的兒子就讀小學一年級。他是 SEN 學童，故此每天我都要花上數小時、甚至很多時要到凌晨才能陪伴他完成功課。我覺得很辛苦和無助。感恩的是，有一位宣道堂的姊妹，她的小朋友也是 SEN 學童，她得知我的情況後，便介紹我的兒子參加功課輔導班。教會的弟兄姊妹，特別是淑娟傳道，很有耐心地教導他。之後，不單他的功課進度有所改善，我們的親子關係也大大改善了。就這樣，我與小朋友一起參加了宣道堂的聚會，最後更在這裏受洗，歸入基督的名下。

**呂：**你認為宣道堂給你帶來最大的改變是甚麼？

**芬：**當然是信仰上得以進深，而最明顯的改變是我對新移民的看法。

**呂：**為甚麼呢？你自己不也是新移民嗎？

**芬：**對呀！我是新移民。但是來了香港好幾年後，我自己也不喜歡新移民。他們有很多行為我都不認同。所以，我一直都是刻意跟香港人做朋友，不和新移民有任何交往。

·芬·姨·小·檔·案·

| | |
|---|---|
| **2014** | 參與宣道堂聚會 |
| **2015** | 洗禮加入教會 |
| **2016** | 參加波阿斯培訓計劃（新福事工協會） |
| **2017** | 成為全職同工 |

**呂：**但過去幾天，我都見到你很關心新移民，也很樂意與她們一起，就算在年三十晚，你都邀請她們來教會一起團年，還預備了很多餸菜呢。為何會有這麼大的轉變？

**芬：**因為來到宣道堂，我親眼看見教會如何關顧新移民，並且其中一個很主要原因，是淑娟傳道介紹我參加了「波阿斯培訓計劃」。這是一個在信仰上扎根及讓婦女學習做領袖的計劃。在當中，我明白到甚麼是「同理心」，也吸收了很多聖經的知識，其中一點是：我們每個人都是上帝所愛的。另外，我亦學懂從別人的角度去思考問題，從而去理解她們的困難。既然我自身也是新移民，得蒙上帝和教會的愛，令我和小朋友都有著很大的改變，那為何我不可以去愛她們呢？參加這計劃後，我便更多投入教會的事奉。後來，教會更給我全職事奉的機會，所以我就辭掉了原來的工作，投入教會全職事奉！

## 極信任和尊重傳道同工的「堂委」

藍濠港

**·濠·港·小·檔·案·**

| | |
|---|---|
| **1990** | 參與宣道堂聚會 |
| **2009** | 擔任堂委 |
| **現在主要事奉崗位** | 堂委、男士小組（當中有無家者、獨居長者等）<br>基督少年軍隊長、詩班員、主日學導師…… |

教會有甚麼突發需要，他都會第一時間趕到……

MIGU
359156 7
22G1
NET
NO.1177
建築機械
2783 0628
500 GMS. x 60 PKTS
請勿重壓

**呂：**濠港，這兩天我在教會都看見你非常忙碌，昨天星期六你負責基督少年軍；今天，你又負責詩班、任教主日學，跟著再開堂委會，星期一你又負責男士小組。你一直也是這麼熱心事奉的嗎？

**濠港：**其實，都是由淑娟傳道五年前上任後，我才有那麼多事奉的機會。在她未上任前，平日的教會都是冷冷清清的，沒有特別需要弟兄姊妹回教會事奉。但她到任後，領受了關懷貧窮的異象，於是教會的空間不單能夠好好善用，現在一星期七天，每天都有活動。特別是星期六和主日，活動一個接一個，教會空間已達到飽和的狀態。更因為這樣，不同階層和年齡的人，都願意來到教會當中。我們現在有很多事奉上帝的機會。

**呂：**你覺得辛苦嗎？

**濠港：**當然不辛苦，我們反而非常開心！教會的空間，就是上帝給我們的資源，我們該要好好善用。更何況，教會的本相應該是這樣的！教會是我們的家，我們非常感恩，很多弟兄姊妹願意「返屋企」、願意留在「屋企」、願意為「屋企」出一分力，這不是正常不過的事情嗎？其實，很多弟兄姊妹都想為主付出，只是以往沒有機會吧了。

**呂：**教會的空間能夠這樣善用當然是美事，但當初淑娟傳道如此每天開放教會，特別是每天的功輔班，有可能接觸到一些「特殊需要的學生」，又或者讓無家者可以來教會吃飯，你們身為堂委，不擔心的嗎？

**濠港：**我們身為堂委，當然會考慮到不同事工有可能帶來的問題，但關鍵是：我們不會「覺得」有問題便不去推展那事工。我們的思考模式是：當有問題時，我們便一起思考如何解決那個問題。更何況，我們宣道堂的弟兄姊妹是極信任和尊重傳道同工的，因為傳道人是上帝差派來作牧人的，上帝必定會向她說話。我們身為堂委，就是去配合、而不是「阻礙」教會的發展。我們必須保持正面態度，而不是散播負能量。我們更不是「老闆」，而是要運用我們各自的恩賜，讓事情得以成就。

例如，你剛剛看到外邊正在玩砌圖的小朋友，他也是SEN學童。起初來教會的時候，他的情緒時常有不穩定情況。但感恩的是，透過參與基督少年軍，以及弟兄姊妹的愛心包容，現在我們與他已然建立良好的關係，當情緒出現問題時，他都願意與我們分享。其實，當你和不同的人相處時，只要你真心關心他們，就必定能與他們建立互信的良好關係，事情並沒有想像中那麼困難。

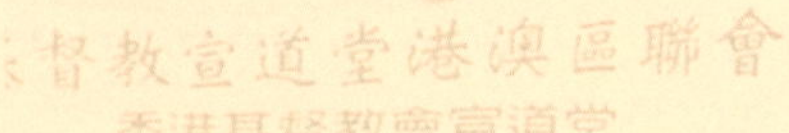

# 第六章 結連至社區轉化

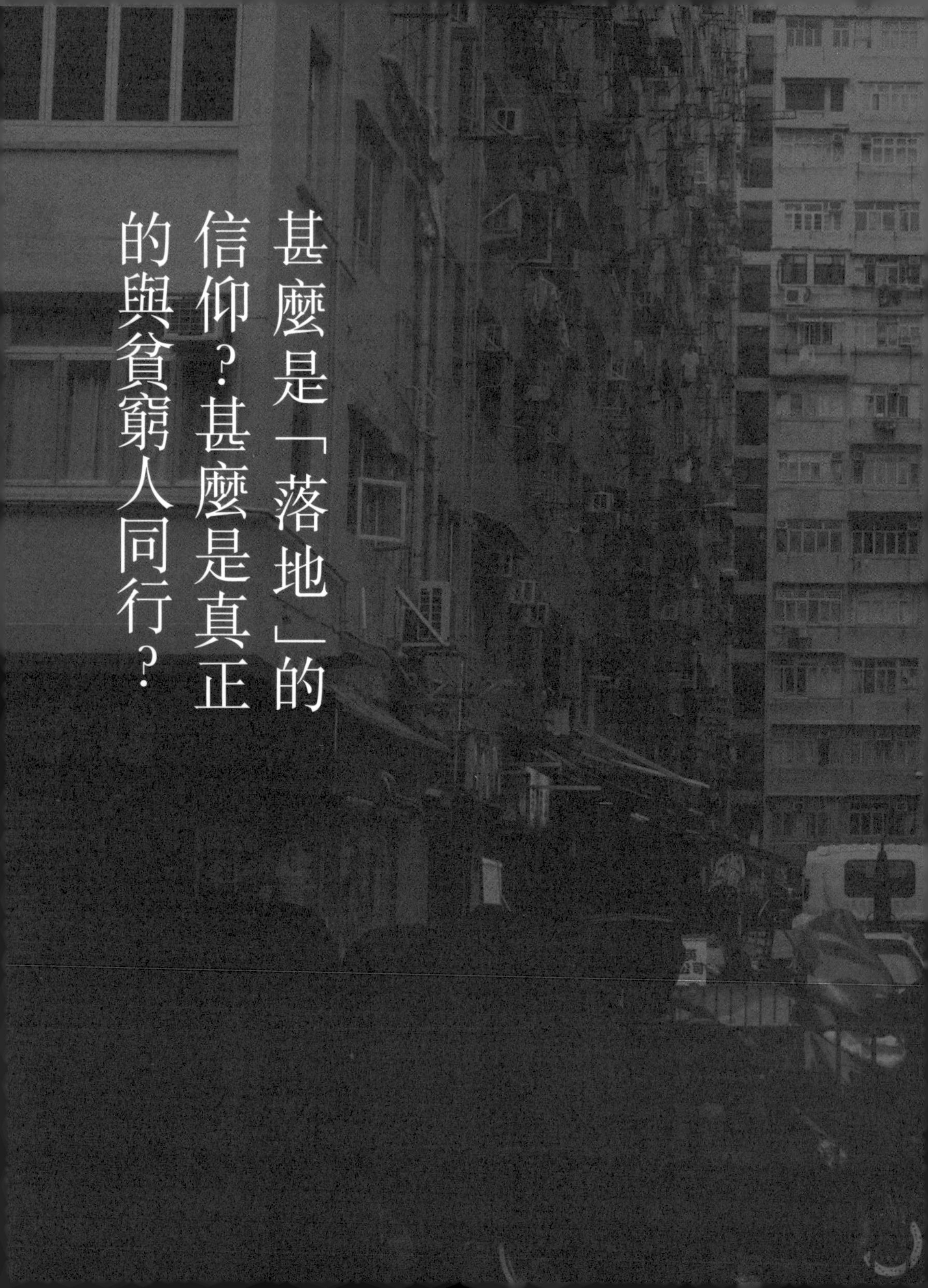

甚麼是「落地」的信仰？甚麼是真正的與貧窮人同行？

# 宣道堂與「機構」結連

受訪者：李妙如 Brenda Li（教會關懷貧窮網絡項目計劃主任）

**呂：**Brenda 你好，教會關懷貧窮網絡與宣道堂有甚麼合作機會呢？

**Brenda：**非常感恩，過去幾年有很多與宣道堂一起事奉的機會。例如：當我們知道宣道堂食物銀行短缺的時候，我們便送米、全蛋麵、粉絲、罐頭和曲奇餅等物資給他們。而我們亦有一項名為"PeaceBox"的祝福行動，就是把收集回來的一些物資如文具、衣物等放在 PeaceBox 中，祝福有需要的人。過去幾年，宣道堂很多弟兄姊妹也協助我們將 PeaceBox 發送給他們教會的關懷對象。

不單是我們祝福宣道堂，不少宣道堂的弟兄姊妹也擔任義工，尤其陳淑娟傳道協助我們機構擔起教育社區的責任，到各堂會講道，以及在課程中擔任講師。近期我們舉辦了一個名為「信徒回應貧富不均使命」的課程，便有一百多位教牧及信徒領袖參與。

｜受訪者：梁友東牧師（新福事工協會總幹事）｜

**呂：**梁牧師，我們知道你是淑娟傳道的屬靈導師，也是她很好的合作夥伴，你對她有甚麼評價呢？

**梁牧師：**説是她的屬靈導師，實在不敢當。她的確是一個很謙卑的傳道人，她會不時找我與她一起禱告，分享她感恩與困擾的事情。她又是一個很願意共享資源的傳道人，她常常是其他教會的「中轉站」，當有不同公司願意送物資給教會時，她為了方便捐贈者，會讓他們可以先整批送到宣道堂，然後，她就通知不同教會或機構，按其需要到宣道堂領取。

她不但願意「物資」共享，就連教會的弟兄姊妹，她都非常鼓勵他們到其他機構或教會當義工。她又鼓勵弟兄姊妹參與我們新福事工的課程。例如：我們其中一個為期一年專門裝備及栽培婦女的「波阿斯培訓課程」，當淑娟傳道上任後，每年都鼓勵一些姊妹參加。現今已有多位畢業生投入教會不同的事奉崗位，有些更成為教會全職同工，實在十分感恩！

## 宣道堂與「教會」結連

受訪者：施國榮弟兄 Nigel（基督教國際神召會關愛鄰舍事工義務總幹事）

**呂：**你好，可否先簡單分享「關愛鄰舍事工」的成立宗旨，以及為甚麼與宣道堂有合作的機會？

**Nigel：**關愛鄰舍事工在 2009 年由基督教國際神召會成立，主要的宗旨是關懷香港的貧窮人。這項事工是希望透過探訪、食物派發、補習、緊急援助基金、助學，以及不同的福音聚會，與貧窮人建立持久的關係，把上帝的愛與信仰帶給他們。在上帝奇妙的帶領下，原本與我們合作的機構租借了旺角宣道堂。當我到了宣道堂的時候，很感恩這是一所「教會」——因為我們並不想只是

做一項「社會服務」，而是希望把人帶到教會之中。能夠與宣道堂合作，正好讓我們運用我們弟兄姊妹的恩賜與能力——英文。在教導學生時，我們也能接觸他們的家長，讓更多來到宣道堂的朋友，感受到神的愛與恩典。

**呂：**可以分享一些與宣道堂合作的深刻事奉經驗嗎？

**Nigel：**當然可以！其中一項事工是「英語朗誦比賽」，這是一個很好的提升學生英語能力的機

會之餘，亦是一個很好的傳福音機會。因為學生比賽的那一天，我們會邀請他們的父母親友前來觀賞。藉此機會，讓他們可以認識教會的弟兄姊妹。在整個過程中，我們的導師會指導學生如何由寫稿，到站在台上演講。這的確是一個很好的機會去教導他們運用英語，而在過程中，的確看到他們進步神速。

（聽到這裏，淑娟傳道興高采烈地回應道：「對呀，我們的『仔女』每次預備比賽時，真的非常認真，看到他們有很大的進步和建立起自信。」）

**Nigel：**對呀！這比賽的確能建立他們的自信和成功的經驗，我經常跟學生說：「只要你站上台，你已經贏了！只要你明年比今年好，你就已經有進步了！」

**呂：**Nigel，有關扶貧方面，你有甚麼話鼓勵其他教會的兄姊呢？

**Nigel：**前幾天在禱告中，我十分感動並向上帝感恩——感恩上帝讓我們有一點「能力」。無論在資源或弟兄姊妹的恩賜上，我反思：「為何上帝讓我們有餘？」就是要我們去扶助貧窮人，因為耶穌生於貧窮、耶穌關懷貧窮、耶穌與貧窮人一起生活。身為教會，願意為貧窮人付出，一定是對的！以我多年的經驗，只要你願意走進社區，上帝必定會賜福，並差派適合的天使來協助你的！

受訪者：
鄺德勝牧師（四方福音會大角咀堂堂主任）

**呂：**鄺牧師，你和淑娟傳道是在甚麼情況下認識的？

**鄺牧師：**我們是在「大角咀教牧同工網絡」（以下簡稱「角網」）認識的，其中一個佈道活動是「大角咀區嘉年華」。當時我感到十分深刻的是，宣道堂的動員能力真的很高，他們真是全民皆兵！我們還有一些叫「節期探訪」，在端午節和中秋節時，由新福事工協會給予我們探訪名單，然後由我們各教會一起到區內探訪。又有一次，角網要舉辦一場午餐佈道會，因為淑娟傳道的社區網絡做得非常好，故此她可以取得酒樓的特惠價格以舉辦該場佈道會，祝福區內人士。

**呂：**那麼，還有哪些教會與教會之間的經歷呢？

**鄺牧師：**記得有一次，有某大角咀教會因裝修而沒有地方聚會，於是他們教會的團契就到了宣道堂與他們的弟兄姊妹一起團契。

### | 其他合作好夥伴 |

新福事工協會、香港勵行會、浸信會愛羣社、惜食堂、教會關懷貧窮網絡、伯特利神學院、香港樹仁大學、香港教育大學、飲食福音團契、YMCA、同心圓、國際神召會、聖雅各福羣會、愛·傳遞……

### | 個別人士 |

心理學家、教育工作者、社工、很多很多有心人士……

## 訪問後記 / 呂宇俊

一連幾天，訪問了宣道堂的弟兄姊妹。我深深感受到淑娟傳道與他們建立了很深的情誼，亦感受到他們因著教會和淑娟傳道，生命得以轉化、事奉更加投入。當我與淑娟傳道走訪不同機

構與不同牧者傾談時，當然亦發覺他們與淑娟傳道有很好的關係，這都是透過受訪者的口述訪問中所理解到的。

在農曆年廿九的晚上，淑娟傳道跟我說，現在新型冠狀病毒疫情已嚴重影響香港，她通知了角網的牧者，若翌日許可，就到教會一起禱告，以及商討如何在這期間關心本區市民。

在年三十晚當天，淑娟傳道一大清早

便回到教會親自下廚，為五十多位公公婆婆預備團年飯，還把教會中的幾百個口罩，送給所有公公婆婆每人五個。

午餐團年飯後，她便隨即與一眾區內牧者（鄺牧師也在其中）一起禱告及商討教會如何落實去關懷貧窮人。原本只是前一天透過鄺牧師去認識角網事工及他們的關係，但這一刻，我對他們的認識又頓時立體起來。我看到甚麼是「落地」的信仰，也體會到甚麼是真正的與貧窮人同行。

## 疫情與社區／陳淑娟傳道

過去，宣道堂與機構和教會常有緊密的合作，我們社區建立了一個名為大角咀教牧同工網絡（下稱「角網」），集合區內的各機構及教會的教牧同工，定期同心禱告，以及彼此分享事工的現況和各教會及機構的需要。每年，角網都會聯合各教會舉辦一場大型的佈道嘉年華，以及組成探訪隊，一同探訪大角咀的街坊等。2019 年，蒙神的恩典，我成為角網的主席，與大角咀的教牧同工們，同心為主作工，讓神的愛在社區流動。

2020 年初，新型冠狀病毒疫情來勢洶洶，在全球各地蔓延，香港本地也落入嚴峻疫情之中。在 1 月尾（農曆年三十晚）的時候，我聚集了角網中各教會的教牧同工一起為疫情禱告，尋求上帝在疫情之中要教會發揮的角色。結果，我們得出一個共識——各教會要同心協力面對疫情。2月初，「同行抗疫：愛鄰舍．共分享」應運而生。這是由各教會合作建立的抗疫物資分享站，通過整個大角咀區各教會分享資源。旺角宣道堂成為一個物資的收集站，再分別由三間堂會負責派發。區內每一間教會或機構均可以轉介個案來拿取所需用的抗疫物資如口罩、消毒搓手液、漂白消毒藥水及食物物資如米、麵食、餅乾等。我們期望在這個危急之際，與區內的街坊同行，祝福整個大角咀社區。

在物資分享站開始的日子，街上的藥房、店鋪仍然大排長龍，不少人排隊苦候幾小時仍無法購買到口罩。故此，分享站最初所服事的有不少是街坊，他們不是沒有經濟能力，而是買不到口罩，及後就連廁紙都買不到。

每一位來到分享站的人士，我們都會問他們有是否需要食物。街坊們都會搖頭說：「我有足夠的食物，只是沒有口罩和消毒用品而已，你把食物留給有需要的人吧！」又或是「我有足夠的口罩，只是沒有廁紙，你把口罩留給有需要的人吧！」

過了一個星期、兩個星期，一位街坊再次來到宣道堂，同工招待他先坐下等待領取物資。然而，他搖搖頭，並把滿手的口罩、搓手液、廁紙、各種食物交給同工，說：「我已經買到口罩、廁紙了，這是捐獻給你們教會的！」這種事不只是發生一次兩次，而是無數個曾經來領取過物資的街坊們，都用不同的方法捐獻物資，把一袋袋、一籃籃、一箱箱、一車車的物資送進倉庫裏。負責紀錄的同工們有時都感到有點苦惱，因為不少街坊是在同工們正在忙的時候，靜悄悄地把物資放到教會接待處，靜靜的來，靜靜的去，不帶走一點雲彩，也不留下名字便離去。

在這個「同行抗疫：愛鄰舍．共分享」計劃之中，我們一次又一次地經歷神如同五餅二魚一樣的神蹟。猶記得計劃起動之初，倉內只有一千多個口罩，其他抗疫用品、食物物資的數量都很少。分享站初期每天都需要派發超過五百個口罩，然而奇妙的是，我們從未缺乏。開始幾天後，同工們在統計物資數量時，突然一聲尖叫。我連忙跑出去查看發生了甚麼事，只看見同工對著電腦歡呼著！她說：「我們在過去三天，派發了一千五百個口罩！但現在，我們仍有一千五百個口罩的庫存！神的供應真的很奇妙！」直到 3 月份，倉庫內的口罩數量已增長至過萬個，甚至更多！

此外，食物物資的籌集本來也是十分煩惱的事情，然而透過各教會的呼籲與鼓勵，兄姊們積極地籌集與捐獻，不同機構、街坊也紛紛分享他們自己的食物。當我們每天在這邊廂派發上千份的食物物資給有需要的基層弱勢時，那邊廂源源不絕的食物物資又湧過來了。不但如此，參與行動的教會也由本來的三間，增加到十七、八間，連機構在內，更是超過二十間。

其實，除了物資之外，有不少未信主的街坊還親力親為地幫助我們。記得一次有一位街坊來領取口罩，她說她不需要很多，只要少量就夠了。同工們疑惑著，看到她臉上的不是外科口罩，而是一個布口罩。原來她自己製作了一個布口罩套，只要把外科口罩放在裡面，外科口罩的使用壽命就能夠延長多一兩天。同工們請教她布口罩的做法，她不吝嗇的教導我們。教學完畢後，她揮揮手就走。然而過了大約兩個小時後，我們又在教會看見她的身影，原來她剛剛去了買造布口罩的布料，然後把整張布料送給我們。

當不少受助的街坊得知我們正在製作布口罩，他們也紛紛加入製作的行列。縱然他們不少仍未信主，但卻願意每天來到宣道堂裁布、縫製，一同製作布口罩。在這個過程中，更有街坊表示願意認識基督信仰，甚或信主。

疫情發展到 2 月尾，在派發物資的時候，不少受眾都表示需要更多的食物。一問之下，發現原來除了疫情問題，失業問題亦伴隨著疫情發展而愈發嚴重。不少人尤其是基層人士，由於工作的店鋪接連結業而被遣散、解僱，又或者被安排放無薪假期、停薪留職⋯⋯由於家庭重要的經濟來源被切斷，整個家庭陷入極度的經濟困難，甚至三餐不繼。分享站光是派發食物物資，已不足以應付那些家庭的需要。

再者，基層家庭並不是惟一的受影響者，區內的小店因為疫情緣故，生意額大減，不少小店都已經結業，或者是面臨結業的危機。區內空鋪處處，人流也寥寥可數。小店結業，導致基層失業，失業家庭無力消費，小店的經營陷入困難，這是一個惡性循環。有見及此，宣道堂推行「疫境同行：一杯涼水行動」，向區內小店購買飯券，提供給有需要的失業家庭。小店既得到經營上的支持，亦能服務街坊；失業家庭既能得到食物援助，亦能夠享用美味的食物，此為雙贏之策。

一天，我到一間正在與我們合作的小店購買下星期要派發的飯券，不料老闆跟我展開下列感人的對話：

**老闆：**陳姑娘啊！你仲會唔會同其他小店買飯券？

**我：**會啊！點解咁問？

**老闆：**隔離有間小店，個老闆娘一個女人仔好辛苦，我想問你可唔可以在我這裏買少啲飯券，分一些同隔離間小店買，幫下佢！

聽後，我連忙走到隔壁的小店了解情況。甫一進店，空無一人，只見兩位女士在收拾。未道明來意，老闆娘就熱情地招待我坐下。了解之下，老闆娘2019年7月才於區內開業，然而一開業就遇上社會運動。生意雖受打擊，但仍能勉強營運。社會運動後，疫情就接踵而來，生意慘淡，一天能做上的生意十根手指頭能算上。莫説自己的薪金，生意所得的連租金都難以支付，而且還未計算水電煤費用。老闆娘雖然説得很不經意，但眼眶中的淚水卻在不停打轉。她除了關心自己的生意外，更在意的是，在區內看到不少有困難的街坊，卻感到自己無能為力、愛莫能助。

其後，我開始向她道明來意，説明計劃的內容。她的眼神漸漸由悲傷轉為激動，並連忙道謝，感謝我們的幫助。然而，我告訴她，我們所能給予的幫助真的很微小，只望能與小店共度難關。但同時間，她的幫助卻是能夠讓有需要的家庭得到溫飽。

老闆娘眼眶中的淚水止不住的落下，我心中也感慨萬千。在疫情之中，每個人都會遇上不同的困難、缺乏。有人選擇大手購入抗疫物質為求自保，有人選擇大幅提高相關用品的價錢，吃人血饅頭，但亦有人選擇依靠神的供應，在萬般缺乏之下仍奉獻所有，有人在自己不足的時候，也願意與人分享一杯涼水。

在疫情之中，我們能看見很多的不安、恐慌、缺乏、不足在全球蔓延開來，但我更看見基督的愛與供應也在人與人之間、教會與教會之間、社區的中間流動，讓人在黑暗、在看似絕望之中看見光明，看見神的愛、神的大能。在這一場抗疫運動之中，神的福音、神國的大門從未停止或是關上，神的工作仍在進行中。當我們每天看新聞，為著確診人數的上升、確診的範圍日漸加增

「同行抗疫：愛鄰舍．共分享」計劃

而感到苦惱，又或者為著教會因疫情關係，事工受到影響而感到灰心的時候，我更看見神的大能要在人的軟弱上彰顯，神的恩典要在絕望中綻放。這次疫情下，人與人的肉身之間需要保持安全距離，然而人與神之間、人與人的心之間的隔膜卻要被打破，且更連結、更緊密。

這次疫情下，人與人的肉身之間需要保持安全距離，然而人與神之間、人與人的心之間的隔膜卻要被打破，且更連結、更緊密。

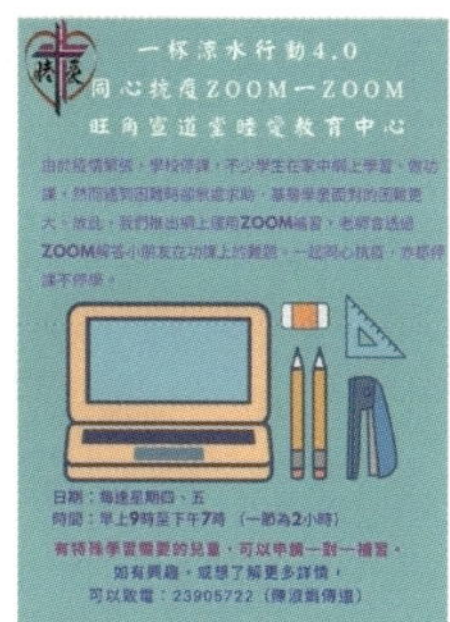


疫境同行：一杯涼水行動 1.0 ～ 4.0

五餅二魚般的物資

# 第七章

# 看見才能動慈心

因為看見，
方才開始明白
甚麼是貧窮。

過去多年，我發現有些信徒是要「看見」真實情況，才更容易激發他們的「慈心」。因此，我經常與他們做家庭探訪，當他們見到劏房戶，方才開始明白甚麼是貧窮。故此，宣道堂經常不定期舉辦一些「教育」活動，讓弟兄姊妹參與其中。

例如，剛過去（2019 年底）的睦愛基金籌款日，有大約四十位弟兄姊妹參與。我們籌款不單是步行活動那麼簡單，在是次活動，我們將兄姊分成兩組，每組有個半小時去「執紙皮」，然後將紙皮變賣，把所得的回饋社區，最後每組還要寫一個社區故事。活動落幕，有一組賣了$3.5，他們便買了一瓶水送給一位清潔工友；而另一組賣了$4.0，他們就買了一個蛋撻給一位無家者。教會不定期舉辦這類型的活動，目的是要教育和裝備弟兄姊妹。我

領袖訓練營：關懷社區主題信息

深信，道理講得再多都未必有用，要讓他們親身經歷、親眼看見，才會動慈心。在事工策略上，教會的確可以做到「更新社羣」。另一例子是，我們曾舉辦一個三日兩夜的領袖培訓營，目的是訓練更多的屬靈領袖，讓他們能看見關懷弱勢與貧窮乃是信徒的使命。

在過去，我都曾經面對不同的困難，例如當我在不

執紙皮活動

同教會或機構分享宣道堂的異象時，都有不少人提出很多我們曾經面對或「想像」會發生的問題。但我想跟大家分享的是，這當中很多都只是迷思，並不是沒有辦法解決的。

第八章

# 拆解迷思

這是不為，還是不能？
做上主的工當然需要
付出代價！

## 迷思 1：何來那麼多人手？

人手不足是一個很實際的問題。從最初起，領受異象的只是我一個人，而上主呼召我在當時當地獻身作宣道堂的傳道人，一定有祂的心意。故此，就由我一個人做起吧。

我由自己一個人開始第一項事工——「幼兒學前預備班」，繼而一個人煮飯給一百個有需要的街坊吃。當中的確會感到吃力，有誰説過事奉是舒適的呢？但往往當你願意親力親為去做的時候，弟兄姊妹是看在眼內的，漸漸地、自然而然地就會開始有兄姊願意幫手。我很感激我現在的同工們，當我計劃將睦愛飯堂的事工由原來的五天改為七天的時候，我還怕同工們會覺得太辛苦。不料，當我提出的時候，她們二話不説，便答應了並承擔起來！以下的例子，都與所謂人手問題有關。

在學生放暑假期間，區內不少父母都要外出工作而無法在家照顧小孩。為著回應這個需求，宣道堂便開始在暑假期間開辦暑期英文聖經班。第一年開班便有二十位學童參加，一直到第五年開辦，已有超過一百人參加。當每年暑期英文聖經班報名人數日益增加，相繼有不同教會的人都來向我請教心得。他們會問：「為何你們開辦需要收費的英文聖經班，都有那麼多人參加？而我們教會不收費，卻是那麼少人呢？」我便反問：「你們教會的暑期班是開辦多少天呢？」他們回應：「兩星期。」我回應：「或許是因為滿足不了父母的需要。你想想，每位學生的暑假都是七至八星期，你只開辦兩星期，那其餘時間你叫父母怎樣安排呢？」當那些教會聽到要舉辦七至八星期的活動，隨即回應說：「那麼我們做不到了，因為沒有人手！」每次聽到這樣的解說，我總是這樣回應：「為何做不到？宣道堂第一次舉辦的時候，一個導師都沒有，我就自己一個人教二十個學生。這是不為，還是不能？做上主的工當然需要付出代價！」及後舉辦了幾年至今，教會已經不再需要我親自任教，而只需負責統籌工作，因為已有不同機構和教會一起合作。這是因為我們的確滿足了出外工作家庭的實際需要，他們「真的」要工作，小朋友又「真的」需要人照顧，旺角宣道堂就「落實」去回應社區的實際需要，神就賜下大大的恩典與祝福。

解決人手的問題，除了要自己先做之外，另一就是利用「槓桿效應」。我們要認清教會是有教會自己的角色——牧養、關顧和傳福音的工作。教會之外，其實是有不少很有心、且擁有其專業的弟兄姊妹和機構。舉例來說，輔導並不是傳道人的專業，故此，宣道堂便與伯特利神學院的輔導中心合作，轉介有需要輔導的個案。又例如英語班，我們邀請了 WIN Phonics 來教導孩子，我曾經列席他們的課堂，他們不單教英文，還培育品格；他們不

單教導孩子，還教導家長。這次課堂中我也獲益良多，比如他們會教家長如何稱讚小朋友。原來，懂得稱讚的技巧，是可以令孩子繼續進步與成長。又例如有一次我們舉辦一場大型盛宴——「耶穌請食飯」，教會就與飲食業福音團契合作，這簡直是一舉多得。這活動既可以讓廚師們一展所長，並透過社區服事認識福

音，同時教會又能得益，當然參與的街坊們更是受惠者。

除了與不同機構合作，我們更會與其他教會合作。以大角咀區為例，我們一眾教牧同工經常一起禱告和開會，透過討論而發掘更多合作的可能性，冀望有更緊密的合作機會。

## 迷思 2：與教會和機構合作，會被搶羊嗎？

我們應該要有 One Church 的觀念，對於未得救的靈魂，最重要的是他們相信耶穌、得著福音，他們最終在哪裏參與聚會，我們又何須介懷呢？我相信當大家回到天家的時候，天堂的門口並不會將我們分門別類，你是浸信會的、你是宣道堂的、你是神召會的……

至於跟機構合作的重點是：大家要異象和目標一致，對於關懷弱勢的做法需要有共識。合作前彼此商討好一切的細節內容，雖然在合作期間需要有磨合時間，但只要大家目標一致，最終是不難達成共識的。

## 迷思3：做新移民工作，兄姊難認同？

我們既是天國的子民，就當學習天國的價值觀。

有些人認為：內地新移民都是來搶香港人資源的，他們都是存貪念，來教會只是為要「攞著數」，等到上樓後就不回來教會了。

對於新移民的看法，我相信各有不同見解。但我想大家不要用屬世的眼光看事物的對或錯，而是更需要用天國的眼光去看事情，從而教導弟兄姊妹履行天國的責任。

我們既是天國的子民，就當學習天國的價值觀。所以，我們該做的並不是去討論是否應該關心新移民，而是假若教會座落的社區當中有新移民，就應當按照聖經所說去關心他們——這是我們的責任。我們還要「看他如本地人一樣，並要愛他如己」。

「若有外人在你們國中和你同居，就不可欺負他。和你們同居的外人，你們要看他如本地人一樣，並要愛他如己，因為你們在埃及地也作過寄居的。我是耶和華—你們的神。」(利未記十九章33至34節)

另一方面，我們都知道，每個人都有自身的問題，例如：貪心、自私、驕傲……而新移民羣體受著過去的教育和文化背景影響，在文化差異之下，他們有某些行為我們一般難以接受。但我們不能夠因他們有某些行為而拒絕他們，就像神也沒有拒絕我們一樣。我們更應該透過服事他們，讓他們認識到上主的福音，使他們從真理中得著生命的改變。至於新移民上樓後會否仍回宣道堂？正如之前（迷思 2：與教會和機構合作，會被搶羊嗎？）所說的，只要他們能夠信主，在哪一間教會參與聚會是不重要的，最重要的是將人帶到神的面前。事實上，我們的經驗是：當這些新移民與教會建立了關係，無論他搬到哪裏去，最後都會堅持回來參與聚會。我們曾經有兄姊搬到東涌、沙田、荃灣，他們仍然長途跋涉回到旺角宣道堂參與聚會。

## 迷思 4：新與舊之融合？

新與舊融合期間的衝突是必然會發生的。新來的——特別是新移民，與香港本土、甚或與教會的文化必定有所不同。我們不能理所當然地以為他們一定明白和知道教會的「規矩」，當中的融合就需要雙方面的教導；「雙方」的意思，就是新來的人和原來的弟兄姊妹。

舉一個例子：有一個主日我在台上講道，期間聽見在會眾的座位中，有人在剪腳甲，更有人一邊崇拜一邊看韓劇。但我們不能就這樣趕他們離開，又或者縱容他們繼續這樣的行為。我們需要去教育他們，只是要在溝通的過程中本著尊重的態度，他們是能夠明白的。他們做出這樣的行為，是因為他們從未出席過崇拜，故此不知道參與期間應有的禮儀與規則。

另一邊廂，教會亦需要教育原來的信徒，不要一聽見某人的電話在崇拜時響起，就立即目露凶光的瞪著對方。基督教的崇拜儀式之中雖然有其傳統的文化、禮儀和規矩，但新來的朋友不是每一樣都能夠明白，作為信徒是特別需要認清這一點。我們需要接納和給予時間讓新來的朋友改變，信徒也需要進一步理解新朋友有這些表現背後的原因。

另一個例子是一位中產信徒的改變。有一天崇拜期間，一位姊妹很激動地把一張皺巴巴的紙巾遞給我說：「陳姑娘，有蚤呀！」我淡淡的回應道：「哦，有蚤！」隨即就把紙巾丟掉。那一位姊妹看到我若無其事的反應，便扯高嗓子說：「有蚤喎！」

其實，宣道堂因踐行教會無牆的理念，不時都有無家

基督教的崇拜儀式之中雖然有其傳統的文化、禮儀和規矩，但新來的朋友不是每一樣都能夠明白，作為信徒是特別需要認清這一點。

者或不太整潔的人前來參與崇拜，所以有跳蚤出現也不足為怪。那次我的處理方法是先尋找跳蚤的源頭，當知道那是從誰的身上而來之後，我便主動跟那位姊妹提議與她一起去探望那位朋友。探訪後發現，原來他所租住的地方是在樓梯底下、垃圾房的旁邊。到達後，我倆根本連直立的空間都沒有。好不容易找到一位置坐下來，那張所謂的「牀」，就只由兩張椅子和一塊木板所組成。我掀開他的牀鋪，赫然發現幾百隻跳蚤就在牀鋪內。探訪後，我立刻找來一些同工，一起接受「滅蚤」課程的訓練，然後進行「滅蚤工程」——不論是教會還是那樓梯底下的「家」。接著，我跟那位朋友去買了一張新牀——真正的牀，並定期到他家中進行清潔和監察跳蚤的情況。那位朋友的居住環境改善了，那發現跳蚤的姊妹的心也都改變了。這位原本很激動的姊妹，自此成為了探訪隊的熱心成員，定期參與探訪，關心不同的基層家庭和人士。當有其他兄姊出現像那位姊妹的反應，我就會鼓勵他們一同參與探訪。因為要讓弟兄姊妹看見——當看見真實的需要時，他們才能動慈心。

## 迷思5：有沒有福音果效？

每次到不同的教會分享關懷弱勢與貧窮的信息後，都有信徒或教會領袖問我：「你做那麼多關懷社區工作，有沒有福音果效？其中有多少人信主呀？」我通常都會反問：「一個靈魂得救值多少錢？」他們都爽快地回應：「無價。」

基督徒很多時候都有人格分裂：一方面說拯救靈魂是無價的，但另一方面又經常去計算——究竟這項事工有多少回報率（即是多少人信主）？是否值得去做關懷社區工作？

請緊記，關懷弱勢與貧窮，我們是沒有選擇的餘地，這是信徒必須盡的責任。

只要我們以單純的愛去關心他們，上主必定會祝福。記得我們做睦愛飯堂的第一年，有大約四十至五十位長者來吃飯，但一個都沒有參與主日崇拜。感恩的是，後來就慢慢見到果效，從第一位直到現在，每一屆洗禮都有長者參與歸入基督的名下。長者團契更增長到六、七十人，只要帶著單純的心去愛、去關心，盡信徒應有的責任，主必將得救的人數天天加給眾教會。

GUINNESS

## 迷思 6：教會拆了牆，安全嗎？

很多時候，大家都有一種迷思：既然説教會無牆，即意味著任何人都可以進入，那麼是否安全？是否需要安裝閉路電視？

首先，我們不應該戴著有色眼鏡，認為有無家者的地方就不安全。宣道堂確實是在每個課室都有安裝閉路電視，那只是因為滿足輔導服務錄影的需要；而且，我們有很多小朋友在教會，有時他們都會有肢體碰撞。故此，我們很想知道實情，以對他們作適切的教導。

例如有一次有位小朋友的手被咬，當時大家都各執一詞，誰知一看閉路電視，原來是被咬的多番挑釁在先。故我們就要按著實情，去對他們進行教育。

## 迷思 7：做社區服事，需要投放大量資源，怎麼辦？

基層人士回到教會，其奉獻必定不多，有些弟兄姊妹可能會擔心，過去幾十年都未曾面對過「赤字」，現在怎麼辦？我自己也聽到這些埋怨的聲音。但我們必須讓會眾回到聖經的教導，我會透過家書、講道、主日學等教導他們，例如跟他們分享耶穌那麼看重窮寡婦的兩個小錢(路加福音二十一章1至4節),我們也應學習欣賞弟兄姊妹那顆願意奉獻的心,那怕只是微薄的金錢。我再說,若是行在神的心意中,祂必定祝福。雖然過往教會確實曾經面對赤字問題,但當每一次赤字出現時,奉獻就隨即出現。當我們物資欠缺的時候,大量的米、麵等需用的物資,都從四方八面而來。當我們人手不足的時候,上主又為我們預備不同的同工加入,還有忠心服事的兄姊,願意同心事奉。所以,我深信只要行在神的心意當中,先求祂的國和祂的義,祂必然打開祂天上的倉庫,大大的賜給我們所需用的。

當然,大家落實推行時,還會遇到很多實際問題,以下是我的電郵,歡迎大家互相交流:Erica.chan@hkcstc.org

24 hrs

第九章
當你加入
關懷社區行列時……

你和教會了解甚麼是
貧窮嗎？誰是社區的
持分者？

當大家看畢此書，我很想你和你的教會，也能帶著耶穌的愛和使命，去肩負關懷社區與弱勢的事工。我也深明每一個社區的環境都不同，但有些大方向乃是我們每一間教會都可以努力邁進的。

## 一切以禱告為先

每一個信徒或教會做任何事工之先，包括關懷貧窮與弱勢者，最重要的第一步就是禱告。為你的社區禱告、為主讓你能夠看見禱告、為教會的領袖禱告、為你和你的弟兄姊妹能夠履行這個責任而禱告。

## 了解「貧窮」是甚麼

你和教會了解甚麼是貧窮嗎？你知道香港現時的貧窮現況嗎？你知道怎樣定義貧窮嗎？貧窮線是甚麼？堅尼系數是甚麼？結構性貧窮是甚麼？

除了長者貧窮，還有在職貧窮、青年貧窮、殘疾人士貧窮；除了無家者，還有「麥難民」……

你知道現今香港的扶貧政策嗎？

如果你身為教會的傳道人，甚麼都不知道，那麼你又從何關懷貧窮呢？

如果你身為教會的傳道人，甚麼都不知道，那麼你又從何關懷貧窮呢？

## 有策略地了解社區的需要

我們要關懷貧窮，但必須有策略地去了解及教育我們的信徒：「不是教會想做甚麼，而是社區需要甚麼！」我再強調，要知道社區需要甚麼，就必須「落區」並與社區連結，並需要搜集有關社區的資料：例如人口比例、住屋資料等。又例如當下政府提供給基層的補助是否足夠？若政府的資助「未到位」，並出現了真空期的時候，

唐5/千楼
利得街，
200呎，開揚，
全窗，新裝，
租6000元
金華大楼
西洋菜北街
全新楼，即住，
開放式-1房1斤
租10k-20k
永信大厦
大角咀，洋松街

那教會就可以在這些空隙中提供協助，將福音和實際援助帶給貧窮人。

「落區」的重點是與街坊和商店傾談，每個社區都有不同的持分者，我們要了解他們實際遇到的困難與處境。

「落區」的重點是與街坊和商店傾談，每個社區都有不同的持分者，我們要了解他們實際遇到的困難與處境。

## 政策倡導

教會也可肩負起「政策倡導」之職能，因為教會直接接觸人羣，理應比政府還了解社區的

實際需要，故此可以對政府提出有助舒緩貧窮人困境的建議。新福事工協會曾透過「落區」了解，發現公公婆婆在執紙皮的時候，需要用到手推車。但手推車很多時都因為體積問題而入不到後巷，故需要先擱在巷口，然後他們再走進後巷才能執紙皮。結果，公公婆婆們竟然被食環署票控，罰款一千五百元。試問，他們到底需要執多少紙皮才能交這麼多罰款呢？及後，新福事工協會便將情況反映給政府，並建議設立「擺放區」，讓公公婆婆可安心擺放手推車。這便是政策倡導的例子。

# 第十章

# 關懷弱勢貧窮的 Do(s) and Don't(s)

關懷社區的路難行而路遠，若沒有了上主，我們是很難走下去的。

談到關懷弱勢與貧窮的 Do(s) and Don't(s)，我想把以往的一些經驗來作為彼此的互勉。在 Do(s) 的部分，我主要以聖經作為支取力量的泉源，因為關懷社區的路難行而路遠，若沒有了上主，我們是很難走下去的；而 Don't (s) 的部分，就是累積過往五年的經驗與大家分享，提醒大家有些事情是需要避免的。

## 關懷弱勢與貧窮的 Do(s)

### ｜勇敢（以斯帖的心）｜

「我若死就死吧！」（以斯帖記四章 16 節下）

就如以斯帖的反省：「焉知你得了王后的位份不是為現今的機會嗎？」（以斯帖記四章 14 節下）

焉知上主給你現今事奉的機會，並給你的教會座落在某一社區，不是為了今天你去為祂發光發熱嗎？所以，要有勇氣踏出每一步，就算看似甚麼都不足、沒可能，也要勇敢地說：「死就死吧！」雖然我們沒有十足把握能做得好，但我們仍然堅信上主必為我們開路。

## | 決心（耶利米的心） |

「你們尋求我，若專心尋求我，就必尋見。耶和華說：我必被你們尋見，我也必使你們被擄的人歸回，將你們從各國中和我所趕你們到的各處招聚了來，又將你們帶回我使你們被擄掠離開的地方。這是耶和華說的。」（耶利米書二十九章 13 至 14 節）

有淚眼先知之稱的耶利米，面對重重困難、面對極頑梗的子民，他都有決心繼續向前行，因為他有上主的應許。做關懷社區的工作，當中一定遇到不同的困難，願我們有耶利米的決心，堅決向前行，擁抱弱勢社羣。

## 敏銳的心（以賽亞的心）

「我又聽見主的聲音說：『我可以差遣誰呢？誰肯為我們去呢？』我說：『我在這裏，請差遣我！』」（以賽亞書六章 8 節）

我們要有敏銳的心，察看到鄰舍的需要，才能給予他們最適切的幫助。我們要聽得見、看得見，並立刻用行動去回應。

## 有行動力的心（挪亞的心）

「挪亞就遵著耶和華所吩咐的行了。」（創世記七章 5 節）

其實在社區之中，我們不難看見弱勢羣體。身處香港社會，我們隨時都能看見無家者、拾荒者；雖然我們看見了，但卻缺乏行動力。因為教會都有很多所謂顧慮、迷思、擔憂，但是我們能否像挪亞一樣，單純聽從上主的吩咐，就起來行動呢？我們是否踐行著愛鄰如己的教導？

## 關懷弱勢與貧窮的Don't (s)

### ｜空降式｜

不要以為自己是高高在上的施予者，去「賞賜」物資給弱勢者，記著我們都是平等的，我們只是上主的管家，我們所擁有的都是神所賜予的。神只是藉著我們的手去祝福其他有需要的人。

### ｜節日／活動式｜

不少教會都習慣在「大時大節」舉辦一些關懷社區的活動，例如派月餅、探訪無家者等。但可惜的是，我們就真的只有在大時大節的時候，才能看到他們的身影。記得有一位無家者曾跟我我們千萬不要「消費貧窮人」，即「利用」貧窮人。

分享過一個笑話，令我覺得既好笑又慚愧。他說：「農曆七月十四鬼門開就有中國鬼『飄』出來，而12月24就會有『耶穌鬼』飄出來。那班基督徒平日就唔見人，12月24才『飄』晒出嚟見人。」

與弱勢同行，乃是長久的關懷，並不是舉辦個別的活動而已。真正的同行者，乃是要與人建立一個長久的關係，不是你願意就「飄出來」，當街坊需要你的時候，卻不見影蹤。

## 動機式

我們千萬不要「消費貧窮人」，即「利用」貧窮人。如果，你關懷社區時，只是為了影相以作宣傳，或你只是覺得「做了」關懷社區便「安樂」的話，你只是在利用他們，我奉勸你們千萬不要這樣做。我們接受捐獻的時候，如果捐獻者是要求與受眾拍照，然後放上網大肆宣傳自己或機構的話，那麼，實在對不起，這樣的做法，我們必定一概拒絕！

## 商業經營式

推行關懷社區事工，並不是經營一門生意，不能以「成本效益」來計算，不是計算帶了多少人到教會，也不是計算收了多少奉獻。我們必須放下你手中的計算機，因為以商業模式的計算方法，永遠無法計算到上主的恩典。事工之所以能成就，不是我們計算得有多準確，而完全是神豐盛的恩典。

## Copy Cat

宣道堂的經驗，僅備一說，每間堂會所座落的地區各有不同、信徒的成長背景各異，社區需要也不同，故千萬不要只顧「複製」，而是基於社區及街坊的實際需要，推行屬於上主最想你們推行的關懷弱勢與貧窮的事工。

# 第十一章

# 關懷社區的故事，邀請你一起寫下去

這是關於一個
古怪老人的故事
……

## 古怪老人

最後，跟大家分享一個故事，一個老人家被上主轉化的故事。

我們在區內派單張時認識了這位老人家，當時看到他正在執報紙，在傾談後，兄姊就邀請他來飯堂吃飯。從我們認識開始，他就表現得很不友善，兄姊幫他揭聖經只要稍慢一點，他都會破口大罵。他經常揹著一個接近二十斤重的背包，內裏滿是報紙和爛鐵，身上又散發著濃烈的氣味。崇拜時，兄姊也難以靠近他。

當時，我正處於兩難之間，一方面我不能不讓他來崇拜，另一方面，我又不能不顧及會友的感受。

在一次探訪中，我們發現原來他以前是行船的，有妻子、女兒、孫女。但一次在街上遇到騙案，他原本擁有一層物業，當時騙徒告知他可用來投資，結果物業就此被騙走。經歷此事後，他的精神狀態開始出現異常，不斷在街上執各樣的東西，特別是財經版報章。因為他覺得自己對不起家人，很想賺回那筆錢。但他的性格也變得愈來愈古怪，最後連太太、女兒和孫兒都離開了他。

雖然物業持有人的名義被騙走了，轉到某公司名下，但他仍住在那屋子裏。一天，我和兄姊去探訪他。他家住在六樓，然而電梯未到該樓層之前，我們已聞到他屋內傳來的惡臭。踏進屋子，整個空間如同垃圾堆一樣，連站與坐的位置都沒有。放眼望去，就只是老鼠、跳蚤。業主立案法團已在他門外張貼通告警告，騙他的公司又在控告他，他遂終日流連在外，在公園內睡覺，直至半夜三更才偷偷摸摸回家洗澡。洗了的衣服，就這樣在垃圾堆內弄乾，那股難聞的惡臭，實在非筆墨所能形容。

在了解他的狀況後，我認為首先要替他尋求輔導，解開他的心結。其實，每一個人背後都有一個故事，但我們往往只能看到表面。例如，我們看見的是他無理取鬧。但其實自那次被騙後，他對人的警戒性非常高，總是認為別人要謀害他，且視所有人為壞人、騙子。如同冰山理論，我們往往都只看到表面，卻沒能看見冰山下的裂痕。

輔導員與他進行了七次輔導，他才開始分享他的故事。之後，我們開始勸他收拾屋企，雖然他最終也難逃被收樓的命運，但至少可以在這段時間有較好的居住環境。我們也勸他拋掉背包內的垃圾，但勸了良久，他仍無動於衷。

在一次禱告中，他突然跟輔導員說：「我想臨死前見孫兒一面。」輔導員說：「若你維持現在這樣的狀態，縱然孫兒來了，你的女兒也不會容許你們見面啦！不如這樣，你讓教會幫你執拾一下屋企。若你的孫兒來，也得有地方給他坐吧！」伯伯終於點頭表示願意。

當時有幾位婦女，她們本是受眾，因不同的需要來到教會之中，信主之後，願意立志服事社羣。她們跟同工芬姨主動參與是次的「執屋行動」。我當時跟芬姨說：「你要知道會好難頂！有老鼠喎！」芬姨竟然瀟灑地說：「驚咩！擺佢嚟浸酒添呀！」我說：「真係好污糟㗎喎！」芬姨說：「唔怕，最多咪戴三個口罩。」

第一次行動，剛打開門，有一位姊妹就嘔了出來，因為那味道實在太濃烈，滿地都是死老鼠、垃圾，更令人叫苦的是，當執拾時，她們一邊把垃圾拋掉，伯伯又一邊將它們拾回來，就這樣，他們糾纏了好幾個小時。她們有人負責清理家居，而另一位姊妹則負責清理雪櫃。當她一打開雪櫃，迎面而見的所有東西都是發霉的，所有食品均已過期，其中還有一盒已過期五年的維他奶。原來這盒維他奶，是他留給孫女喝的。雖然飲

品已過期，但伯伯對孫女的思念卻是一直縈繞著、存留著，並體現於這盒過期的維他奶中。過了半天，好不容易，終於清空了一個小小的空間。但門外已有十輛手推車的垃圾，是的，滿滿十輛！

## 一個靈魂值多少錢？

是次行動後，第一件奇妙的事發生了，伯伯願意信主！當他在信仰上進深認識後，更願意受洗，歸入基督的名下！第二件奇妙的事情也發生了，伯伯的女兒與他復和，更願意讓孫女來探望他。伯伯終日思念的女兒和孫女，終於並不只停留於腦海之中，她們乃出現在他的眼前，女兒還帶伯伯到她所屬的教會聚會。

有一天，我跟兄姊說：「啊！我有點想念伯伯，不如我打電話給她的女兒？」一陣響聲後，女兒接起電話，隨即說：「淑娟傳道！你打來便好了！我爸爸說：『死都要回宣道堂呀！』」

第一次他再回來的情景，我仍歷歷在目。每個主日，我都會站在教會的大門歡迎兄姊。叮一聲，我眼前的電梯門打開，是伯伯！他剛出電梯，一看到我，就大笑起來，幾乎連假牙都快要掉下來，轉眼間，他卻哭了起來。但我知道，這滴滴的眼淚中所盛載的，是快樂與感恩。

真的很感恩！

感恩，他從一個破碎的家庭到與女兒完全復和，而孫女亦很疼惜他；感恩，我們把他帶到神面前，神親自引領他的道路；感恩，神藉著他那次禱告，解開了他的心結。

「一個靈魂值多少錢？」

「無價。」

即使社區服事只讓一個靈魂得救，也值得我們去做。但神的恩典與我們同在，只要做合神心意的事，主必將得救的人數天天加給我們！

你看見了嗎？其實奇妙的、感恩的見證每天都在發生，感謝上主給宣道堂經歷和見證他們轉化的機會。這樣的見證也鼓舞著、推動著我們繼續做關懷弱勢與貧窮的工作。

你願意嗎？你願意在你的社區、你的教會，推動更多弟兄姊妹共同譜寫出更多生命轉化的故事與樂章嗎？

# 附錄一

## 特備節目《淑娟姐變成淑娟媽的故事》

宣道堂的年青人一手一腳製作了一條短片，他們將其命名為《淑娟姐變成淑娟媽的故事》，分享淑娟傳道在他們生命中的一些點滴。

香港基督教會宣道堂睦愛中心
YouTube 頻道

# 附錄二

# 香港基督教會宣道堂睦愛中心《創刊號》節錄

## 簡介

香港基督教宣道堂(旺角堂)已在大角咀區扎根超過二十五年,一直得到神的帶領和祝福。神賜下異象和使命,讓教會看見大角咀區的需要,由於本區是發展中的舊區,有很多樓房改建成劏房,所以有很多新來港家庭、單親家庭、綜援家庭和低收入家庭的基層羣居於此社區,他們十分需要社區支援及關愛。

「睦愛中心」在2014年成立,就是因著聖經的教導「在神我們的父面前,那清潔沒有玷污的虔誠,就是看顧在患難中的孤兒寡婦,並且保守自己不沾染世俗。」(雅各書一章27節),以及回應神的異象及社區的需要,我們以「行公義、好憐憫」的心去走進社區服事貧窮人。「睦愛中心」成立至今，已服務了超過六百戶家庭，當中的營運資金全靠著神的供應和弟兄姊妹的感動奉獻支持。

## 「睦愛中心」的服務

### ｜對象｜

低收入家庭、新來港家庭、單親家庭、綜援家庭、以及有特殊學習需要（Special Education Needs）的學童等……

### ｜範疇｜

學前預備班、中小學功課輔導、英文小組輔導班、數學小組輔導班、新移民適應課程、睦愛飯堂（提供週一至日，免費午及晚餐服務）、睦愛物資日、家庭小電器計劃、Teen Teen 向上獎學金計劃、SEN 學童支援服務（個人成長小組、社交小組、專注力訓練等）、愛護站（主要服事清潔工友及獨居長者）、情緒小組、個人輔導、每月義剪服務、長者家居清潔服務。

# 服務剪影

## 學生支援服務

小學生功課輔導

中學生功課輔導

## 社區關懷

愛護站：簡單健康檢查與諮詢

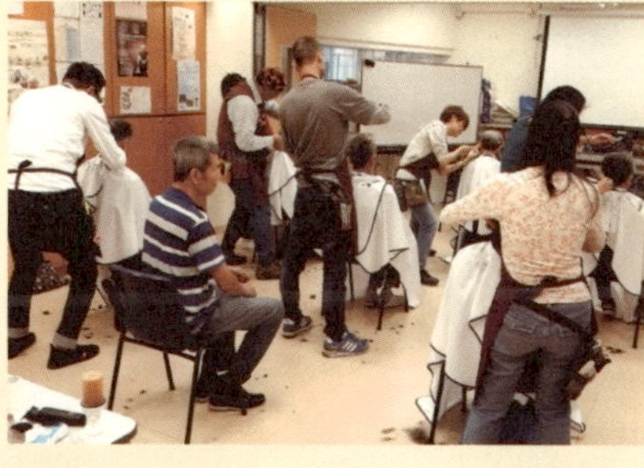
義剪服務

派暖包予清潔工友

# 如雲彩的見證

## 上帝豈有難成的事

盧禮芬醫生（堂委會主席）

旺角宣道堂植根於大角咀已經二十多年了，我們的社區關懷工作，從一個慈惠基金開始，漸漸發展到「睦愛中心」，整個過程都是基於社區需要帶動的（demand driven）。雖然這區的需要太多，儘管我們見招拆招，工作仍是永遠做不完。但我們要經常提醒自己，我們是回應上帝的異象，不應因為大角咀區太貧窮、人力物力的捉襟見肘而灰心，因為在上帝的眼中又豈有難成的事呢？萬軍之耶和華說：「銀子是我的，金子也是我的。」（哈該書二章8節）我們不用等到更多的奉獻才去關懷社區。至於一切的社區工作，祂只差派任何一位天使下來也比我們做得更漂亮！大角咀是我們「應許之地」，等同昔日以色列十二支派在迦南所得的分，我們應該按著所得的產業，忠心經營以報答主恩。既然今天上帝讓我們與祂同工，那我們只要仰望上帝的供應，繼續完成已開始的事工便是了。

## 「在這愛的路程裏，我奔跑不放棄」

禾田

猶記得當初樓價低迷的時候，神給了宣道堂很大的恩典，購買了隔鄰比原有堂址大幾倍的地方。但當我們滿足現狀，自我陶醉於那美好的感覺時，神卻在一個合適的時候，再一次預備了一份禮物給我們，這禮物我們並不陌生，它的名字叫「恩典」。這禮物使我們有足夠的資源和智慧去籌備、規劃和裝修整個教會以作長遠發展之用。有了地方，掌握了經驗，神還給我們各項資源，特別是寶貴的人力資源——一羣願意委身的弟兄姊妹。「睦愛中心」就在這奇妙的恩典中誕生並開始發芽成長，一項接一項的事工，如關懷貧窮、補習服務、長者飯堂等……都發展起來。未來擺在我們面前的，必定有不同的挑戰和困難，但我更深信上帝的恩典亦會繼續與「睦愛中心」同在。我想起讚美之泉的一首詩歌《奔跑不放棄》：

「每個狂風暴雨裏，祢同在在那裏；
每個難處低谷裏，祢恩典在那裏；……
在這愛的路程裏，我奔跑不放棄。」

## 你的回應，
## 讓我們更有力走下去……

### 成為義工

姓名(中)：________________________(牧師/傳道/弟兄/姊妹)

通訊地址：________________________________________

電　　郵：________________________________________

所屬堂會：________________________________________

聯絡電話：________________________________________

我願意成為以下活動之義工：

(　　)睦愛飯堂　　(　　)睦愛物資日　　(　　)中小學功課輔導班

(　　)學前預備班　　(　　)其他

# ·奉·獻·表·格·

## 奉獻者資料

姓名 / 機構 : ______________________________ 先生 / 女士 / 公司

地　　址 : ______________________________

聯絡電話 : ______________ 電郵 : ______________

日　　期 : ______________________________

奉獻金額 : HK$ ______________________ □ 一次性　□ 按月

## 請選擇奉獻方法

□ **我願意奉獻支持宣道堂（教會事工）**

□ 現金 / 支票 : 請把奉獻存入以下銀行，並寄回 / 傳真銀行收據正本。

□ 郵寄劃線支票 : 抬頭請寫「香港基督教會宣道堂有限公司」。

□ 按月自動轉賬 : 請提供以下銀行資料給閣下往來銀行處理。

**銀行資料**

銀行名稱 : 上海商業銀行 Shanghai Commercial Bank Ltd

賬戶名稱 : 香港基督教會宣道堂有限公司 Hong Kong Christian Shuen Tao Church Ltd

賬戶號碼 : (025) 329-14-42548-8

□ **我願意奉獻支持睦愛中心（社區服事）**

□ 現金 / 支票 : 請把奉獻存入以下銀行，並寄回 / 傳真銀行收據正本。

□ 郵寄劃線支票 : 抬頭請寫「宣道堂睦愛中心」。

□ 按月自動轉賬 : 請提供以下銀行資料給閣下往來銀行處理。

**銀行資料**

銀行名稱 : 上海商業銀行 Shanghai Commercial Bank Ltd

賬戶名稱 : 宣道堂睦愛中心 Shuen Tao Church Love and Care Centre

賬戶號碼 : (025) 329-24-08042-0

**本會資料**

堂址 : 香港九龍大角咀福全街 17-19 號福康大樓 2 字樓

電話 : 2390 5722　傳真 : 2395 1331

電郵 : erica.chan@hkcstc.org　網址 : www.hkcstc.org

聯絡人 : 陳淑娟堂主任，呂惠華幹事

**注意事項**

請填妥表格寄回或傳真至 2395 1331。

奉獻核實後，收據會在一個月內寄往閣下上述地址。

凡奉獻 HK$100.00 元或以上，憑收據可作香港稅款減免。

如有任何疑問，請致電本會查詢。

五金號有限公司
(1996)有限公司